丁 鑫◎著

财务违规处罚
对连锁董事公司的溢出效应

**Spillover Effect of Financial Violation Penalty
on Interlocked Director Firms**

中国财经出版传媒集团

经济科学出版社
Economic Science Press

图书在版编目（CIP）数据

财务违规处罚对连锁董事公司的溢出效应／丁鑫著
. -- 北京：经济科学出版社，2022.9
ISBN 978 - 7 - 5218 - 4076 - 6

Ⅰ.①财…　Ⅱ.①丁…　Ⅲ.①上市公司 - 财务管理 -
研究 - 中国　Ⅳ.①F279.246

中国版本图书馆 CIP 数据核字（2022）第 181405 号

责任编辑：杜　鹏　常家凤
责任校对：靳玉环
责任印制：邱　天

财务违规处罚对连锁董事公司的溢出效应

丁　鑫/著

经济科学出版社出版、发行　新华书店经销
社址：北京市海淀区阜成路甲 28 号　邮编：100142
编辑部电话：010 - 88191441　发行部电话：010 - 88191522
网址：www.esp.com.cn
电子邮箱：esp_bj@163.com
天猫网店：经济科学出版社旗舰店
网址：http://jjkxcbs.tmall.com
固安华明印业有限公司印装
880 × 1230　32 开　2.875 印张　90000 字
2022 年 11 月第 1 版　2022 年 11 月第 1 次印刷
ISBN 978 - 7 - 5218 - 4076 - 6　定价：20.00 元
（图书出现印装问题，本社负责调换。电话：010 - 88191510）
（版权所有　侵权必究　打击盗版　举报热线：010 - 88191661
QQ：2242791300　营销中心电话：010 - 88191537
电子邮箱：dbts@esp.com.cn）

前　　言

　　监管处罚存在溢出效应，对上市公司治理具有重要意义。本书基于董事网络关系，研究公司的财务违规处罚对其连锁董事公司产生的溢出效应。首先，基于声誉机制的动因，本书运用事件研究法考察公司的财务违规处罚公告对连锁董事公司引发的市场反应；其次，实证检验财务违规处罚对连锁董事公司分析师盈余预测准确性的影响，明星分析师对其调节效应以及机构投资持股对分析师预测的治理作用；最后，实证检验财务违规处罚对连锁董事公司独立董事异议行为的影响。进一步，基于公司层面以及所有行政处罚类型，对监管处罚与连锁公司独立董事异议行为进行拓展分析。

　　本书研究发现：第一，财务违规处罚公告事件显著降低连锁董事公司的市值，引发连锁董事公司负面的市场反应。第二，财务违规处罚发生后，分析师对其连锁董事公司盈余预测准确性显著降低。明星分析师对连锁董事公司盈余预测准确性发挥显著的负面调节效应，与非明星分析师相比，明星分析师对连锁董事公司预测准确性更低。但是，不同类型的机构投资者持股对分析师盈余预测准确性发挥不同的治理效果。第三，财务违规处罚发生后，其连锁董事公司的独立董事对董事会议案提出异议意见的可能性显著提高。而且，财务违规处罚对连锁董事公司的影响程度越大，独立董事对董事会议案发表异议意见的可能性越大。在考虑事件研究窗口期和样本选择性偏差问题后，研究结果不变。对公司层面和包括所有类型的行政处罚而言，结果一致。

　　本书的经验证据说明，财务违规处罚发生后，连锁董事公司短期内发生负面市场反应，本年内分析师对连锁董事公司盈余预测准确性下降，但是独立董事治理水平能够显著提高，对连锁董事公司产生积极的经济后果。本书的研究结论丰富了监管处罚溢出效应的研究，揭示了监管处罚能够对独立董事提升治理能力发挥积极治理效应，不仅为上市公司改善治理机制、进一步完善《关于在上市公司建立独立董事制度的指导意见》提供决策参考。同时，本书验证了证监会监管处罚的有效性，对于证监会持续提升监管效率、防控监管处罚因董事网络溢出的金融风险和推进监管科技建设具有重要启示。

丁　鑫
2022 年 8 月

目　　录

第1章 绪 论

1.1 本书研究的背景和意义

1.1.1 研究的背景

《国务院关于进一步提高上市公司质量的意见》（2020 年）对上市公司规范公司治理、提升财务信息质量，提高上市公司及相关主体的违规成本，加大对欺诈发行、信息披露违法、操纵市场、内幕交易等违法违规行为的处罚力度，予以明确要求与责任归属。可见，监管处罚对于上市公司治理的重要性。

关于监管处罚的治理效应，已有经验研究揭示，监管处罚不仅对违规主体自身发挥治理作用，还可能通过社会网络关系对其他主体产生溢出效应（Beatty，2013；Zhong et al.，2017；杨金凤等，2018）。董事网络关系已蔓延在中国资本市场中。独立董事兼任的上市公司占比从 2010 年的 49% 增长到 2019 年的 73% 以上，呈现逐年增长的趋势，如图 1-1 所示。证券分析师作为资本市场中重要的信息中介，既是信息的提供者，也是信息的使用者。分析师盈余预测已成为资本市场上投资者对企业未来盈余预期的代表。监管处罚通过董事网络对分析师盈余预测准确性是否会产生影响，监管处罚溢出效应的作用主体是否波及资本市场中的分析师值得深入研究。

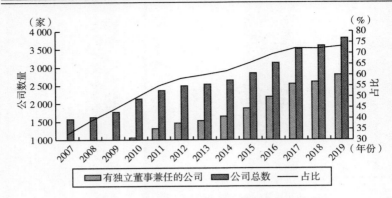

图 1 - 1　2010 ~ 2019 年独立董事兼任上市公司比例

　　根据《关于在上市公司建立独立董事制度的指导意见》，独立董事原则上最多在 5 家上市公司兼任，以确保独立董事有足够的时间和精力有效地履行职责。独立董事应对董事的提名与任免、高管的聘任与薪酬以及重大关联交易等事项向董事会或股东大会发表独立意见。2004 年，上海和深圳证券交易所为了进一步强化独立董事的独立性及其监督作用，在股票上市规则中明确要求上市公司披露独立董事针对董事会议案发表意见和进行投票的数据，这一中国特有的强制披露规定为本书研究提供了数据基础。

　　然而，叶康涛等（2011）研究发现绝大多数情况下独立董事并不会公开质疑管理层行为，在一定程度上符合梅斯（Mace，1986）对独立董事投票权属于橡皮图章的描述。为此，本书参考祝继高等（2015）和杜兴强（2019）的研究，进行数据统计"异议独立董事公司"，即如果该公司当年至少有一位独立董事发表过异议意见，该公司被界定为异议独立董事公司。2010 ~ 2019 年被独立董事发表过异议意见的上市公司比例如表 1 - 1 所示。可见，异议独立董事公司比例最高值为 2.5%，均值约为 1.3%，占比非常低。2018 年 9 月，为进一步提高中国上市公司治理水平，改善资本市场的信息环境，保护中小投资者利益，促进上市公司规范运作，证监会正式发布修订后的《上市公司治理准则》。董事会作为公司重要治理机制之一，《上市公司治理准则》在董事与董事会方面做了很多修订。可见，从独立董事发表异议意见的角度，研究独立董事的治理效果更能体现其监督能力。

表 1 - 1　　　2010 ~ 2019 年被独立董事出具异议意见的上市公司比例

项目	2010 年	2011 年	2012 年	2013 年	2014 年	2015 年	2016 年	2017 年	2018 年	2019 年
当年独立董事曾出具异议意见公司数	21	9	23	15	47	38	26	28	85	94
当年独立董事未出具异议意见公司数	1 948	2 165	2 370	2 465	2 546	2 774	2 987	3 431	3 494	3 673
当年独立董事曾出具异议意见公司占比（%）	1.07	0.41	0.96	0.60	1.81	1.35	0.86	0.81	2.37	2.50

资料来源：基础数据来源于国泰安金融研究数据库（CSMAR），经后期软件处理而得。

因此，本书从独立董事兼任形成的董事网络关系视角，基于财务违规处罚引发连锁董事公司的市场反应，从连锁董事公司外部分析师预测和内部独立董事治理两个层面，探究公司的财务违规处罚对其连锁董事公司产生的溢出效应。

1.1.2　研究的意义

本书研究对监管机构和上市公司治理具有重要的理论与现实意义。

（1）理论意义。

第一，从溢出效应的视角，拓展了监管处罚的治理效应研究。本书从市场反应、分析师预测准确性与独立董事异议行为三个方面研究财务违规处罚对连锁董事公司产生的溢出效应。

第二，拓展监管处罚溢出效应研究的作用主体。对于监管处罚溢出效应的作用主体，已有研究大多是关注与违规处罚公司关联的上市公司。不同的是，本书基于董事网络的路径，重点关注连锁董事公司的分析师盈余预测，拓展监管处罚溢出效应所涉及的研究主体。同时，从分析师声誉效应和机构投资者的治理效应两个不同视角，挖掘影响监管处罚产生溢出效应的积极因素与消极因素。

第三，从机构投资者持股的视角，探究提高分析师预测准确性的治理机制，进一步丰富机构投资者对分析师预测行为的治理效应研究。本书研究发现基金、合格境外投资者、社保基金和财务公司均对分析师预测准确性发挥积极治理效应，并且合格境外机构投资者对分析师预测准确性的治理效应显著强于境内机构投资者（基金、社保基金、财务公司）的治理效应。券商机构投资者分析师预测准确性发挥负面的治理作用。信托公司和保险公司对分析师预测准确性无显著的治理作用。

第四，从违规处罚外生事件冲击的视角，丰富独立董事异议行为的影响因素研究，进一步揭示董事网络发挥积极治理效应的经验证据。基于独立董事异议行为的经济后果研究，从连锁董事公司信息披露质量改善和大股东利益侵占减弱的视角，揭示监管处罚在资本市场中产生积极溢出效应的经验证据。

（2）现实意义。

第一，为政府部门改进独立董事制度、健全独立董事声誉机制等制度建设提供决策参考。本书研究正是基于独立董事兼任形成董事网络和独立董事声誉机制，提供公司财务违规处罚对连锁董事公司治理产生溢出效应的经验证据。该研究结果有助于提高独立董事治理水平、改善公司治理机制。基于中国资本市场数据统计，被独立董事出具异议意见的上市公司比例较低，说明独立董事对董事会议案发表异议意见的概率很低。项目预期揭示财务违规处罚通过董事网络提高独立董事发表异议意见概率的经验证据。

第二，对于建立分析师声誉激励的完备机制，建立更客观公正的量化评价标准具有重要启示，包括声誉回报机制、奖惩分明、优胜劣汰机制。违规处罚后，"明星"名誉对分析师预测准确性发挥负向调节作用，该结果说明，在中国资本市场中，分析师利益结盟动机超过声誉效应，导致现有的声誉机制在一定程度上被扭曲。因此，分析师声誉激励机制有效性存在问题亟待解决。

第三，对于监管机构持续提升监管效率、推进监管科技建设具有启示。公司的财务违规处罚通过董事网络对连锁董事公司及其独立董事产生溢出效应的研究，将为监管层严厉打击上市公司财务违规行为提供证据支持，有助于证监会应用大数据、云计算等监管科技手段对整个资本市场运行状态进行实时的风险监测与预警，充分发挥监督职责。

1.2 国内外研究现状及分析

1.2.1 监管处罚的溢出效应

惩罚不仅会对受罚者产生影响，也会对受罚者之外的与受罚者相关联的组织或个人产生影响，即惩罚存在溢出效应（Trevino，1992；Beatty，2013）。监管处罚的治理效应研究，在关注监管处罚对违规公司本身产生直接效应的同时，逐渐开始关注监管处罚的溢出效应。监管处罚可能通过各种社会网络关系对与违规公司相关联的其他主体产生溢出效应。

已有研究发现，监管处罚在同行业关系网络中产生溢出效应。詹宁斯等（Jennings et al.，2011）发现在同一行业的同行公司因操纵收益而被美国证券交易委员会（SEC）调查后，公司减少了可自由支配的应计利润。审计师个体受到证监会行政处罚，使得与其有共同审计工作经历审计师如同组同事和同所同事，在未来更倾向于对客户出具非标准审计意见，提升审计质量（刘文军等，2017；杨金凤等，2018）。SEC 对公司的行业领导者、紧密竞争对手和众多业内同行的风险因素定性披露的审查，那么没有收到 SEC 披露质量意见书的公司会在很大程度上修正随后年度公司的披露质量（Brown et al.，2018）。

监管处罚的效应可以通过董事网络从被处罚的公司蔓延到连锁董事公司（Kang，2008）。公司因财务舞弊被监管处罚后，投资者由于怀疑欺诈性的财务活动也发生在连锁公司，导致连锁董事公司市值与声誉受到负面影响（Fich and Shivdasani，2007；Kang，2008）。进一步经验证据揭示，当连锁董事在连锁董事公司（目标公司）担任审计委员会主席或者公司治理委员会主席时，连锁董事公司的声誉影响很可能更大（Kang，2008）。钟覃琳等（Zhong et al.，2017）以中国证券市场为研究背景，提供了监管处罚后独立董事在另一个连锁董事公司更愿意出席董事会会议的证据。

1.2.2　分析师盈余预测准确性的影响因素

分析师盈余预测的准确性不仅受到资本市场上投资者的普遍关注，也成为学术界研究的热点问题（Ramnath，2008）。然而，分析师盈余预测偏差在国内外资本市场中普遍存在。大量的研究关注分析师盈余预测准确性（偏差）的影响因素。关于分析师盈余预测偏差的影响因素，现有文献从公司特征层面如公司的股权集中度、成长性和财务风险（Parkash et al.，1995），并购重组（Chaney，1999）、研发投入（Huang and Zhang，2011）等业务活动，信息披露质量（Lang and Lundholm，1996；方军雄，2007；白晓宇，2009），公司治理水平（Bhat et al.，2006；Lin and Tai，2013；伍燕然等，2016），制度特征如资本市场交易的融资融券制度（褚剑等，2019），利益驱动如为自身的职业发展迎合管理层需要、提高交易佣金等（Kothari，2001；Bradshaw，2011；赵良玉等，2013）等理性因素，研究其对分析师预测偏差的影响。同时，基于行为金融学理论和非理性人假说，研究发现分析师个人的经验与经历（Clement and Tse，2005）、行为认知偏差（Easterwood and Nutt，1999；Kothari，2001）、情境引导的心理偏差与情绪因素（Sedor et al.，2002；伍燕然等，2012、2016；Hribar and McInnis，2012）也影响分析师盈余预测的准确性。众多研究验证证券分析师对信息反应不足假说（Mendenhall，1991；Abarbanell and Bernard，1992；Gu and Wu，2003；Hugon et al.，2016）。"反应不足"通常归因为在不确定性环境下分析师的判断与偏见（Zhang，2006），如在信息的识别与传递过程中分析师的保守主义（Edwards，1968；Butler and Lang，1991）或者过度自信（Daniel et al.，1998）。

1.2.3　监管处罚与独立董事治理

（1）监管处罚影响独立董事的声誉。经验研究证明公司董事会的质量和财务报告舞弊或重大收益错报的发生率之间存在负向关系（Beasley，1996；DeChow et al.，1996）。因此，当一家公司被指控公司"财务舞弊"时，该公司外部董事的名誉将受损害，更有可能以在董事职业市场上受到惩罚的形式承担个人责任（Srinivasan，2005；Fich and Shivdasani，2007；辛清泉等，2013）。有研究发现，当公司被监管诉讼时，投资者认为独立董事在监督管理层方面无效，投票反对独立董事连任，11%的独立董事被列为被告。如果独立董事是审计委员会的成员，被列为被告的可能性更大（Brochet and Srinivasan，2014）。

（2）声誉影响独立董事的治理行为。已有研究发现声誉激励对于独立董事发挥积极治理行为的经验证据。独立董事声誉越高，为维护自身声誉，更有动机去履行其监督职责，在董事会中更有可能投非赞成票，提出异议意见的次数越多（Jiang et al.，2015；祝继高等，2015），公司的应计盈余管理水平越低，盈余质量越高（黄海杰等，2016；Bryan and Mason，2020）。

1.2.4　独立董事异议行为的影响因素与经济后果

独立董事对董事会议案的异议意见体现了独立董事相对于管理层的独立性及其监督作用。已有文献从独立董事层面的特征、议案的类型和公司特征三个主要方面研究影响独立董事投非赞成票行为的因素。就董事层面特征而言，独立董事声誉（叶康涛等，2011；Jiang et al.，2015）、身份背景（祝继高等，2015；唐雪松等，2010）以及董事会内部文化和社会关联因素（Lin et al.，2012；Ma and Khanna，2016；杜兴强等，2017）影响独立董事的异议行为；从议案内容而言，已有研究发现担保、关联交易、年度报告以及人事任命类型的议案，更容易被独立董事提出异议（唐清泉和罗党论，2006；叶康涛等，2011）；对于公司特征而言，规模小、资产负债率高、成长性弱、业绩不佳以及代理问题严重的公司，独立董事更容易投非赞成票（叶康涛等，2011；Tang et al.，2013；Ma and Khanna，2016）。

独立董事出具异议意见经济后果的研究中，已有研究发现独立董事异议意见对公司产生显著影响。对于被独立董事异议公司而言，独立董事发表异议意见，通过改善相应的议案内容，对上市公司实施有效的监督，能够提高公司治理水平和市场透明度，降低被处罚的概率与风险（Jiang et al.，2015），提高公司的市场价值和会计绩效（叶康涛等，2011；祝继高等，2015），降低股价崩盘风险等（梁权熙和曾海舰，2016）。

1.2.5　研究现状简评

本书对已有文献进行简要评述，如图 1-2 所示。

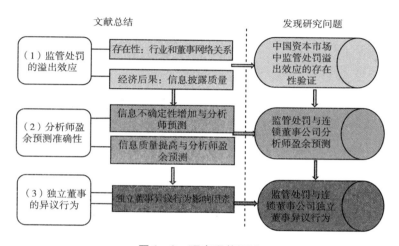

文献总结　　　　　　　　　　　　　发现研究问题

（1）监管处罚的溢出效应　｜　存在性：行业和董事网络关系　→　中国资本市场中监管处罚溢出效应的存在性验证

　　　｜　经济后果：信息披露质量

（2）分析师盈余预测准确性　｜　信息不确定性增加与分析师预测　→　监管处罚与连锁董事公司分析师盈余预测

　　　｜　信息质量提高与分析师盈余预测

（3）独立董事的异议行为　｜　独立董事异议行为影响因素　→　监管处罚与连锁董事公司独立董事异议行为

图 1-2　研究现状评述

第一，已有研究发现监管处罚通过行业和董事网络关系，对与违规公司相关联其他主体产生了溢出效应。但是，监管处罚在中国资本市场是否存在溢出效应，目前经验证据尚不充足，该经验证据是在中国资本市场开展监管处罚溢出效应研究的前提。

第二，经验研究发现在美国资本市场中财务违规处罚公告引发其连锁董事公司负面市场反应。资本市场中信息的不确定性和信息质量是影响分析师预测准确性的重要因素。基于此，分析师作为资本市场中重要的信息中介，其对连锁董事公司盈余预测的准确性是否有影响，目前尚无经验证据。

第三，监管处罚通过声誉机制影响独立董事的治理行为。声誉激励下，独立董事监管动机增强。独立董事对董事会议案提出异议意见能够直接体现独立董事相对于管理层的独立性与监管性（叶康涛等，2011）。而且独立董事异议行为能够产生积极治理效果，如提高公司治理水平和市场透明度，降低处罚的概率与风险（Jiang et al.，2015），提高公司的市场价值和会计绩效（叶康涛等，2011；祝继高等，2015）等。因此，在监管处罚引发连锁董事公司负面市场反应的前提下，有必要从独立董事异议行为的变化，研究监管处罚对连锁董事公司独立董事治理水平的影响。

因此，本书基于董事网络关系，从市场反应、分析师预测与独立董事异议行为三个维度，研究财务违规处罚对其连锁董事公司产生的溢出效应。

1.3　研究内容与研究方法

1.3.1　研究内容

本书研究证监会发布财务违规处罚对连锁董事公司产生的溢出效应。具体包含以下三方面研究内容。

（1）探索公司的财务违规处罚对连锁董事公司产生溢出效应的动因基础，是本书研究的首要重点问题，也是开展该溢出效应研究的前提。本书运用事件研究法，考察财务违规处罚公告对连锁董事公司市值的影响，反映连锁董事公司发生的市场反应。

（2）基于财务违规处罚公告引发连锁董事公司的市场反应，首先，实证检验财务违规处罚对连锁董事公司分析师盈余预测准确性的影响。其次，财务违规处罚后，检验明星分析师和非明星分析师对连锁董事公司预测准确性的调节作用。最后，实证考察不同类型机构投资者持股对连锁董事公司预测准确性的治理作用。

（3）基于财务违规处罚公告引发连锁董事公司的市场反应以及声誉对独立董事治理行为的影响，实证检验财务违规处罚对连锁董事公司独立董事异议行为的影响。同时，基于公司层面以及所有行政处罚类型，对监管处罚与连锁公司独立董事异议行为进行拓展分析；基于独立董事异议行为的经济后果研究，进一步探索公司财务违规处罚对连锁董事公司的信息披露质量和大股东利益侵占的治理效应。

1.3.2 研究方法

本书从国泰安金融研究数据库（CSMAR）和 Wind 资讯金融数据库获得基础研究数据，采用规范研究与实证研究相结合的研究方法开展研究，以下针对每一部分研究内容，阐述具体的研究方法，技术路线如图 1 - 3 所示。

（1）财务违规处罚与连锁董事公司的市场反应。这部分研究主要运用事件研究法，以市场模型为基础计算累计超额收益（CAAR），用以衡量连锁董事公司的市值，考察违规公司的财务违规处罚公告对连锁董事公司市值的影响。

首先，采用市场模型计算财务违规处罚事件窗口期内公司正常收益。估计窗口期设定为事件日的前 60 天至前 30 天，事件窗口期定为事件日前后 5 天。

其次，将事件窗口期内公司的实际收益减去估计的正常收益得到超额收益，并计算所有样本个股的日均超额收益率（AAR_t）。对日均超额收益率进行描述统计分析可以看出所有公司在事件窗口期内的股价波动幅度与方向。

最后，累计计算事件窗口期内的日均超额收益率，可以得到

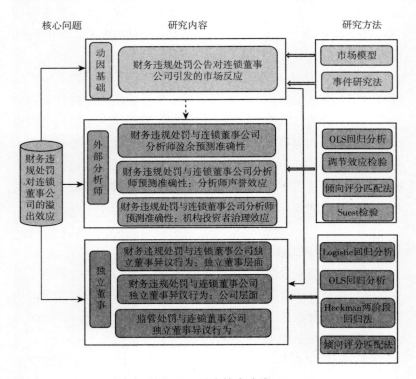

图 1-3 研究技术路线

累计超额收益率（CAAR）。采用普林斯顿大学方法检验 CAAR 的显著性，如果 CAAR 在事件窗口期内显著为负，说明连锁董事公司超额累计收益显著下降，连锁董事公司发生负面市场反应。

在稳健性检验中，项目拟将事件窗口期从前 5 天至后 5 天调整为前 10 天至后 10 天，对公司发生财务违规处罚事件后，连锁董事公司的累计超额收益进行检验。

（2）财务违规处罚与连锁董事公司的分析师盈余预测。首先运用归因理论以及对分析师盈余预测准确性影响因素的分析，阐述违规公司的财务违规处罚对其连锁董事公司分析师盈余预测产生影响的理论逻辑，提出竞争性研究假设。同时，采用同年度、同规模、同杠杆率、同盈利能力、同股权集中度、同独立董事比例、同产权性质、同机构投资者比例、同市账比例、分析师所属券商公司规模相同、分析师工作经验相同以及分析师学历相同为标准，按照 1：1 匹配的倾向评分匹配法（PSM）对样本进行筛选，构建 OLS 回归模型进行多元回归分析。对于明星分析师和非明星分析师对连锁董事公司预测准确性调节作用的研究，采用调节效应和 SUEST 差异显著性方法进行实证检验。不同类型机构投资者持股对连锁董事公司预测准确性治理作用的研究，采用 OLS 多元回归分析和 SUEST 差异显著性方法进行实证检验。

（3）财务违规处罚与连锁董事公司独立董事异议行为。首先，从监管处罚对独立董事声誉影响以及声誉对独立董事异议行为影响的理论机制展开理论分析，提出研究假设。其次，在实证研究设计中采用两种数据结构：一是独立董事层面，采用"公司—年度—独立董事"的数据结构；二是公司层面，采用"公司—年度"的数据结构。对于独立董事而言，如果独立董事发表过异议意见，独立董事异议意见（VOTE）变量赋值 1，否则，赋值 0。对于公司而言，如果该公司当年至少有一位独立董事对其董事会议案发表过异议意见，表示该公司为异议独立董事公司，OBJECTRES 变量赋值为 1；如果该公司当年没有任何一位独立董事对其董事会议案发表过异议意见，表示该公司为非异议独立董事公司，OBJECTRES 变量赋值为 0。为检验公司财务违规处罚与连锁董事公司独立董事异议行为之间的关系，构建 LOGISTIC 模型进行回归分析。最后，在该部分的稳健性检验中，使用 HECKMAN 两阶段回归法和倾向评分匹配法，解决财务违规处罚与连锁公司独立董事异议行为检验中的样本选择性偏差问题。

1.4 本书研究的主要工作

本书关注的是财务违规处罚的溢出效应,将其中受到证监会违规处罚且有连锁董事的公司界定为违规公司。相应地,与违规处罚公司连锁且没有受到监管处罚的公司,是我们研究的目标公司,称为连锁董事公司,简称连锁公司。

本书研究的主要工作如图 1-4 所示。首先,基于声誉机制的动因,运用事件研究法考察公司的财务违规处罚公告引发的连锁董事公司市场反应。其次,实证检验财务违规处罚对其连锁董事公司分析师盈余预测准确性的影响以及明星分析师和机构投资者在其中发挥的作用。再次,从独立董事对董事议案异议意见的视角,探索财务违规处罚对其连锁董事公司独立董事治理产生的效果。最后,基于独立董事异议行为经济后果,研究公司的财务违规处罚对其连锁董事公司财务报告质量和大股东利益侵占产生的经济后果。

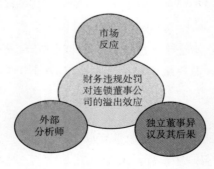

图 1-4 本书研究的主要工作

第 2 章　相关理论与研究假设

2.1　概念界定

2.1.1　连锁董事公司的界定

连锁董事公司是基于董事网络这一概念提出的。董事网络是社会网络的一种。谢德仁（2012）将董事网络定义为：公司董事会的董事个体以及董事之间，通过至少在一个董事会同时任职而建立的直接和间接联结关系的集合。董事网络中存在大量的连锁董事，这些连锁董事指的是某人同时担任两家或多家公司的董事（卢崇昌，2009）。

在董事网络关系中，如果一家公司的董事会至少有一名董事同时担任另一家公司的董事，则该公司在同一年被视为连锁董事公司。由于董事会包含独立董事和非独立董事，因此，董事网络的具体范围有所不同。本书涉及的连锁董事，专指连锁独立董事，即同时担任两家或两家以上公司的独立董事，研究中简称为连锁董事。

2.1.2　财务违规处罚的界定

上市公司财务信息是资本市场中的主要信息载体，是投资者（包括证券分析师）决策评价的重要依据。财务信息披露违规将会给投资者带来重大风险，进而影响资本市场的稳定性。《国务院关于进一步提高上市公司质量的意见》（2020 年）对上市公司规范公司治理，提升财务信息质量，提高上市公司及相关主体的违规成本，加大对欺诈发行、信息披露违法、操纵市场、内幕交易等违法违规行为的处罚力度，予以明确要求与责任归属。可见，监管处罚对于上市公司治理的重要性。

中国证监会违规处罚公告的原因，包括虚构利润、虚列资产、虚假记载、推迟披露、重大遗漏和披露不实，内幕交易、操纵股价、违规担保、出资违规、占用公司资产等类型。根据中国证监会违规处罚公告的原因，并参照腾飞等（2016）研究，选择虚构利润、虚列资产、虚假记载、推迟披露、重大遗漏和披露不实等违规处理类型界定为财务违规处罚。将内幕交易、操纵股价、违规担保、出资违规、占用公司资产等类型归为经营违规。进一步，本书中把虚构利润、虚列资产和虚假记载归类为与盈余相关的违规行为界定为财务违规处罚。本书中涉及的监管处罚专指财务违规处罚。

2.1.3 溢出效应内涵的界定

所谓溢出效应，是指一个组织在进行某项活动时，不仅会产生活动所预期的效果，而且会对组织之外的人或社会产生影响。简而言之，就是某项活动要有外部收益，而且是活动的主体得不到的收益。溢出效应的内涵比较丰富，包括知识溢出效应、技术溢出效应和经济溢出效应等。考虑到本书的具体研究内容和主题，特将溢出效应内涵界定如下：

首先，监管处罚决定不仅会对受罚者产生影响，也会对受罚者之外的与受罚者相关联的组织或个人产生影响（Trevino，1992；Beatty，2013）。因此，本书研究中所指的溢出效应仅指证监会发布财务违规处罚公告事件所产生的间接影响。

其次，已有研究发现违规处罚公告可以在董事网络之间、同行业之间以及竞争者之间产生溢出效应。本书研究中所指的溢出效应仅指以董事网络作为传播路径的溢出效应，重点关注财务违规处罚公告在中国资本市场的董事网络之间是否产生溢出效应。

最后，财务违规处罚公告的溢出效应具有多种表现，限于篇幅，本书研究中所指溢出效应的内容仅包括连锁董事公司的市场价值、独立董事的异议行为以及信息披露质量和大股东利益侵占改善等方面。

2.2　理论分析与研究假设

2.2.1　财务违规处罚与连锁董事公司的市场反应

基于非理性人假说，心理学和行为金融学研究表明，个体的感知包括信念、情绪和认知等因素，直接影响其判断与决策的理性程度与结果。归因理论证实了"基本归因偏差"的存在（Ross，1977）。未预期的负面结果（如财务舞弊）很可能引发投资者的"归因搜索"（Weiner，1986）。当公司因财务舞弊处罚后，投资者不仅将注意力转向被控公司的管理层，同时对董事履行其监管职能的有效性提出了质疑（Meindl et al.，1985；Hillman and Dalziel，2003）。大量的经验研究结果揭示，被监管处罚公司的独立董事会受到声誉处罚（Srinivasan，2005；Fich et al.，2007；辛清泉，2013；Brochet et al.，2014）。

社会交换互惠的理念表明，如果在一个公司中董事对高管的监督性较弱，很可能在其连锁公司对高管的监控也较弱（Westphal and Zajac，1997）。经验研究发现，当公司因财务舞弊受到监管处罚时，其连锁董事公司也会有显著为负的超额收益，连锁董事公司的市值下降，声誉也受到负面影响（Fich and Shivdasani, 2007)。进一步发现，当连锁董事在连锁董事公司（目标公司）担任审计委员会主席或者公司治理委员会主席时，连锁董事公司的声誉影响很可能更大（Kang, 2008）。

由图 1 - 1 可见，独立董事联结形成的董事网络关系已在中国资本市场中蔓延。基于归因理论和社会交换互惠理念，当公司财务信息披露受到证监会违规处罚后，投资者很可能质疑其连锁董事公司的治理水平，怀疑财务违规行为也存在其连锁董事公司中，因此，资本市场对连锁董事公司的盈余信息质量持悲观预期，引发连锁董事公司负面市场反应，市场价值可能下降。本书预期在中国资本市场中，违规公司的财务违规处罚，通过董事网络导致连锁董事公司呈现负面的市场反应，提出如下研究假设：

H1：公司发生财务违规处罚，其连锁董事公司市场价值下降。

2.2.2 财务违规处罚与连锁董事公司分析师预测

（1）财务违规处罚与连锁董事公司分析师预测准确性。监管处罚的效应可以通过董事网络从被处罚的公司蔓延到连锁公司，在短期内引发连锁董事公司市值下降，不仅声誉受损，而且会影响连锁董事公司的融资成本从而使盈余的不确定性增加。信息的不确定性影响分析师预测偏差（Zhang, 2006）。信息不确定程度越大，分析师对信息的反应越不完全，分析师预测偏差越大（Gu and Wu, 2003；Zhang, 2006）。众多研究验证证券分析师对信息反应不足假说。"反应不足"通常归因为在不确定性环境下分析师的判断与偏见，如在信息的识别与传递过程中分析师保守主义或者过度自信（Zhang, 2006）。因此，财务违规处罚后，连锁董事公司信息质量不确定性程度的增加，可能会降低分析师对连锁董事公司盈余预测的准确性。

同时，詹宁斯等（Jennings et al., 2011）发现，在同行公司因操纵收益而被 SEC 调查后，公司减少了可自由支配的应计利润。SEC 对公司的行业领导者、紧密竞争对手和众多业内同行的风险因素定性披露的审查，而没有收到 SEC 披露质量意见书的公司会在很大程度上修正随后年度公司的披露质量（Brown et al. , 2018）。因此，监管处罚在同行业关系网络中产生溢出效应，提高同行业公司的信息披露质量。基于董事网络关系，钟覃琳等（2017）研究发现，监管处罚后，连锁董事发挥积极治理效应，连锁公司的财务报告透明度也得到显著提高。信息披露水平是影响分析师预测准确性的关键因素。因此，财务违规处罚后，连锁董事公司财务报告透明度的提高，意味着分析师可以获得更高质量的公司特质信息，有助于提高盈余预测的准确性。

根据以上理论分析，提出竞争性假设：

H2a：公司发生财务违规处罚，分析师对其连锁董事公司盈余预测准确性降低。

H2b：公司发生财务违规处罚，分析师对其连锁董事公司盈余预测准确性提高。

（2）财务违规处罚与连锁董事公司分析师预测准确性：分析师声誉效应。自 2003 年开始，《新财富》杂志主办的"明星分析师"评选成为中国分析师行业中最具影响力的市场评价活动之一。获奖的分析师在中国通常被称为"明星分析师"。"明星"荣誉称号对于分析师是一项无形资产，代表资本市场对分析师能力的认可，能够显著提高分析师的社会地位与经济利益。大量经验研究验证了分析师声誉的有效性。明星分析师比非明星分析师盈余预测的准确性更高（Stickel，1992；张然等，2017）。与非明星分析师相比，明星分析师具有优越的人力资本，能够提供更多公司层面的特质信息，盈余预测准确性更高，并且验证明星分析师的信息优势主要源于自己的经验与能力而不是行业的资源（Xu et al. , 2013）。因此，根据声誉有效性假说，与非明星分析师相比，明星分析师预测准确性更高。财务违规处罚后，与非明星分析师相比，明星分析师对连锁董事公司的盈余预测能更准确。

然而，胡奕明和金洪飞（2006）认为，由于中国的资本市场中并没有完备的声誉机制，分析师在积累自身声誉时，对投资者利益保护等道德约束重视不够。基于迎合理论，声誉越高的分析师，其试错成本越高，"羊群行为"动机越强烈，越倾向于采取"跟风"策略（蔡庆丰等，2011；董大勇等，2012），盈余预测偏差越大。经验研究发现，公司受到财务违规处罚，连锁董事公司市值在短期内受到负面影响（Kang，2008），资本市场对连锁董事公司悲观预期。因此，基于迎合动机，明星分析师可能迎合投资者对连锁董事公司负面预期的动机更强烈，发布更为悲观的盈余预测报告，导致盈余预测偏差进一步升高，准确性进一步降低。

同时，根据利益结盟假说，唐松莲和陈伟（2017）研究发现，在中国资本市场中，分析师的声誉效应并没有战胜利益结盟动机，分析师与上市公司利益结盟，盈余预测的乐观度提升，准确性进一步下降。分析师的佣金压力越大，其推荐股票的态度就越乐观，预测的偏差增加，准确性越低（Gu et al.，2013；官峰等，2015）。违规处罚引发连锁董事公司出现负面市场反应（Kang，2008），因此，证券公司以及连锁董事公司的管理层存在向上调整市场预期的动机。基于利益结盟假说，证券公司可能会借助交易佣金对分析师施加压力。与非明星分析师相比，明星分析师的薪酬更高，因而面对佣金压力更大，将导致明星分析师发布更为乐观的盈余预测报告，盈余预测偏差进一步增大。因此，无论是基于迎合动机还是利益结盟动机，财务违规处罚后，与非明星分析师相比，明星分析师盈余预测偏差进一步增大，准确性更低。

根据声誉有效性假说，迎合理论和利益结盟假说分析，提出如下竞争性假设：

H2c：公司受到财务违规处罚，与非明星分析师相比，明星分析师对其连锁董事公司盈余预测准确性更高。

H2d：公司受到财务违规处罚，与非明星分析师相比，明星分析师对其连锁董事公司盈余预测准确性更低。

2.2.3 财务违规处罚与连锁董事公司独立董事异议意见

财务违规处罚事件短期内导致连锁董事公司声誉受损，其根本原因在于投资者认为连锁董事公司的董事会治理水平薄弱。董事的声誉直接影响到其人力资本的价值和获得未来董事职位的可能性（Fama，1980）。已有研究发现声誉激励独立董事实施积极治理行为的经验证据。高声誉独立董事出于声誉的动机，更有动力去履行其治理职责。独立董事对董事会议案出具意见和投票结果能体现独立董事相对于管理层的独立性及其监督作用（叶康涛等，2011）。当企业业绩下滑时，独立董事为维护自身声誉和防范法律诉讼风险，加强对控股股东和管理层的监督，更有可能投非赞成票（祝继高等，2015）。而且独立董事声誉越高，在董事会中提出异议意见的次数越多（Jiang et al.，2015）。因此，在连锁董事公司声誉受损后，在维护声誉机制下，独立董事对董事会议案的发表异议意见的概率很可能会增加。

同时，根据认知学习理论，行为矫正者会依照其经历和经验重构自我认知，塑造思维与行为模式（陈国权和孙锐，2013）。监管处罚为连锁独立董事提供了一种独特的个人经历。根据连锁董事的信息传递功能，连锁独立董事会将在处罚事件中积累的经验和矫正的行为传递给目标公司（研究中与违规处罚公司关联的连锁董事公司），在随后的监督活动中提供更多、更有效的信息，实施更有效的监督职能，降低违规风险。经验研究发现，独立董事异议意见能够提高公司治理水平和市场透明度，降低处罚的概率与风险（Jiang et al.，2015），提高公司的市场价值和会计绩效（叶康涛等，2011；祝继高等，2015），降低股价崩盘风险（梁权熙和曾海舰，2016）。因此，根据认知学习理论，经历财务违规处罚的连锁独立董事，监管动机与能力增强，为降低连锁董事公司处罚风险，提高公司价值，对董事会议案的异议意见预期会增多。

进一步而言，在董事网络关系中，对于研究关注的目标公司，与其共享独立董事的公司可能存在多个公司，这些公司都可能受到财务违规处罚。因此，在董事网络中，当年受到财务违规处罚的公司数量越多，与其关联的连锁董事公司即目标公司受到违规处罚的影响程度越强烈，独立董事声誉压力越大，对目标公司提高监管动机越强烈，在监督行为上，独立董事对董事会议案的异议意见可能性越大。

综上分析，提出如下研究假设：

H3a：公司发生财务违规处罚，其连锁公司独立董事对董事会议案提出异议意见的可能性越大。

H3b：财务违规处罚公司越多，其连锁公司独立董事对董事会议案提出异议意见的可能性越大。

2.3　本章小结

本章首先界定连锁董事公司、财务违规处罚以及溢出效应的内涵；其次，基于委托代理理论、归因理论和社会学习理论，阐述财务违规处罚对连锁董事公司的市场价值和分析师盈余预测以及独立董事异议行为的作用机理。

第3章 财务违规处罚与连锁董事
公司市场反应的实证分析

3.1 样本选择

本书从国泰安金融研究数据库（CSMAR）和 Wind 资讯金融数据库获得相关研究数据，选取了 2010～2019 年沪深两市的 A 股上市公司作为研究样本，按照以下步骤对样本进行了筛选：首先，剔除 ST 类公司、金融行业公司以及在当年 IPO 的公司；其次，删除在样本期内与违规公司相关联的连锁董事公司本身受到处罚的所有观测值；最后，剔除违规公司的违规公告时间与违规时间不在同年度内的观测值。最终筛选得到了 3 277 个公司。

3.2 变量定义与模型构建

3.2.1 被解释变量—连锁董事公司的市场价值

参考高玥（2020）的做法，以市场模型为基础计算累计超额收益（CAAR），用以衡量连锁董事公司的市场价值。估计窗口期设定为事件日的前 60 天至前 30 天，事件窗口期定为事件日

前后 5 天。具体的计算步骤如下:

（1）将公司在估计窗口期内的个股回报率（R_{it}）以及当期的市场回报率（R_{mt}）代入式（3－1），得到每个公司的参数 α_i。

$$R_{it} = \alpha_i + \beta_i R_{mt} + \varepsilon_{it} \qquad (3-1)$$

（2）将公司在事件窗口期内的市场回报率和参数 α_i 代入式（3－1）得到预期的个股回报率 $E(R_{it})$。

（3）将公司在事件窗口期内的实际个股回报率（R_{it}）与预期个股回报率（R'_{it}）相减，得到公司 i 在 t 时点的超额收益率（AR_{it}）。

（4）依据式（3－2）计算样本中所有个股的日均超额收益率（AAR_t）。

$$AAR_t = \frac{1}{N} \sum_{i=1}^{N} AR_{it} \qquad (3-2)$$

（5）依据日均超额收益率（AAR_t），按照式（3－3）计算所有个股在事件窗口期内的累计超额收益率（CAAR）。

$$CAAR_{(t1,t2)} = \sum_{t=t1}^{t2} AAR_t \qquad (3-3)$$

3.2.2 解释变量—财务违规处罚

（1）按处罚类型进行分类，获得财务违规处罚数据库。根据中国证监会违规处罚公告的原因，在参考滕飞等（2016）的研究基础上，本书将与财务舞弊相关的虚构利润、虚列资产和虚假记载归类为财务违规处罚。

（2）本书以违规处罚的公告年份作为连锁董事公司受到冲击的年份。只要公司在当年受到至少一次行政性处罚，本书均且仅保留一条年度—公司处罚样本，认为该公司在当年受到了违规处罚。

（3）筛选出连锁独立董事公司。如果一家公司的独立董事会至少有一名独立董事同时担任另一家公司的独立董事，则该公司在同一年被视为连锁独立董事公司，简称为连锁董事公司。

（4）将连锁董事公司与违规公司进行配对，与受处罚的数据进行合并，得到连锁董事违规处罚数据库。由于本书关注的是违规处罚的溢出效应，所以首先筛选受到证监会违规处罚的公司，其次匹配与之有共同连锁董事且本公司未受到处罚的公司，获得违规公司的连锁董事公司，为本书研究的目标公司。

（5）生成解释变量财务违规处罚（Eshock）。若目标公司至少有一个连锁董事公司在当年内受到了财务违规处罚，那么，对于目标公司而言，Eshock 赋值为 1；若目标公司没有连锁董事公司在当年内受到财务违规处罚，那么对于目标公司而言，Eshock赋值为 0。

3.2.3　模型构建

对于研究假设 H1，本书采用普林斯顿大学方法检验累计超额收益率（CAAR）的显著性，如果累计超额收益率 CAAR 在事件窗口期内显著为负，则表明财务违规处罚公告发生，连锁董事公司超额累计收益显著下降，连锁董事公司发生负面市场反应，研究假设 H1 将得到验证。

3.3　实证结果与分析

财务违规处罚公告发生，连锁董事公司的累计超额收益在时间窗口期内的变化如表 3 – 1 所示，连锁董事公司的日均超额收益在事件窗口期内由正向转变为负向。表 3 – 1 的最后一行列示了事件窗口期内，连锁董事公司累计超额收益（CAAR）的下滑幅度，该数值为 – 0.0053，且在 0.05 水平上显著，这说明连锁董事公司的累计超额收益下滑 0.53%。其累计超额收益在事件窗口期内的变化如图 3 – 1 所示，它显示了连锁董事公司的累计超额收益在事件窗口期存在波动下滑的趋势。综上，研究假设 H1 得到了验证，即财务违规处罚公告显著降低其连锁董事公司超额累计收益，发生负面的市场反应。

表 3 – 1   累计超额收益率时序表 [–5, 5]

变量	时期	系数	标准差	T 值
AAR$_t$	– 5	0.0004		0.29
	– 4	0.0004		0.23
	– 3	– 0.0006		– 0.32
	– 2	– 0.0019		– 0.93
	– 1	– 0.0028		– 1.29
	0	– 0.0039		– 1.68
	1	– 0.0043		– 1.73
	2	– 0.0040		– 1.55
	3	– 0.0057		– 2.08 *
	4	– 0.0044		– 1.53
	5	– 0.0045		– 1.48
CAAR	[–5, 5]	– 0.0053	0.0027	– 1.97 **

注： * 、 ** 、 *** 分别表示变量在 0.1、0.05 和 0.01 水平上显著相关。

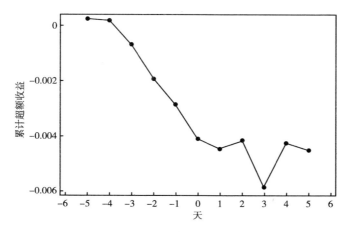

图 3 - 1　累计超额收益率时序图 [-5, 5]

3.4　稳健性检验——事件窗口期调整

将事件窗口期从前 5 天至后 5 天调整为前 10 天至后 10 天，对事件发生后连锁董事公司的累计超额收益进行检验。结果如表 3 - 2 所示，连锁董事公司的累计超额收益在事件窗口期内始终为负。表 3 - 2 中的最后一行结果说明，连锁董事公司在事件窗口期内的累计超额收益（CAAR）下滑幅度为 0.95%，且在 0.05 水平上显著。另外，累计超额收益在事件窗口期内的变化如图 3 - 2 所示，连锁董事公司的累计超额收益在事件窗口期波动下滑。该结果进一步验证研究假设 H1。

表3-2　　　　　　　累计超额收益时序表 [-10, 10]

变量	时期	系数	标准差	T值
AAR$_t$	-10	-0.0002		-0.12
	-9	-0.0015		-0.75
	-8	-0.0018		-0.81
	-7	-0.0009		-0.37
	-6	-0.0017		-0.67
	-5	-0.0020		-0.76
	-4	-0.0020		-0.73
	-3	-0.0032		-1.07
	-2	-0.0046		-1.48
	-1	-0.0055		-1.71
	0	-0.0065		-1.97*
	1	-0.0070		-2.07*
	2	-0.0068		-1.94
	3	-0.0085		-2.34*
	4	-0.0072		-1.91
	5	-0.0073		-1.87
	6	-0.0075		-1.88
	7	-0.0072		-1.71
	8	-0.0089		-2.09*
	9	-0.0095		-2.17*
	10	-0.0097		-2.15*
CAAR	[-10, 10]	-0.0095	0.0040	-2.36**

注：*、**、*** 分别表示变量在0.1、0.05和0.01水平上显著相关。

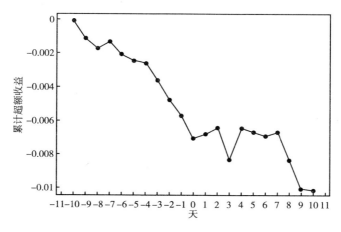

图 3 - 2　累计超额收益时序图 ［ -10，10］

3.5　本章小结

本章运用事件研究法，实证检验财务违规处罚引发的连锁董事公司的市场反应。实证结果发现，财务违规处罚公告发生后，连锁董事公司超额累计收益显著下降，连锁董事公司发生负面的市场反应，声誉受损。该更换事件窗口期后，研究结果不变。该经验证据证明财务违规处罚在中国资本市场中通过董事网络对连锁董事公司产生了溢出效应。

第4章 财务违规处罚与连锁董事公司
分析师预测的实证分析

4.1 样本选择

本书选择 2010～2017 年沪深两市的 A 股上市公司为研究样本，首先，剔除了 ST 类公司、金融公司、资不抵债的公司、当年 IPO 公司。其次，由于考察公司违规受处罚对其连锁董事公司的溢出效应，因此，删除所有在样本期间内连锁董事公司受处罚的观测值，以及违规的公告时间与违规时间不在同一年度内的观测值。再次，数据统计结果显示，受到财务违规处罚的公司样本约占 28%，与没有受到违规处罚的公司样本量差距较大。为了避免样本选择偏差影响回归结果的准确性，采用同年度、同规模、同杠杆率、同盈利能力、同股权集中度、同独立董事比例、同产权性质、同机构投资者比例、同市账比例、分析师所属券商公司规模相同、分析师工作经验相同以及分析师学历相同为标准，按照 1∶1 匹配的倾向评分匹配法（PSM）对样本进行筛选，最终得到 1 542 个公司、3 635 个观测值。最后，行业分类依据 2012 年中国证监会颁布的《上市公司行业分类指引》。数据主要来源是国泰安金融研究数据库（CSMAR）和 Wind 资讯金融数据库。

图 4 – 1 列示了处理组和控制组匹配前密度图。图 4 – 2 列示
了处理组和控制组分别按照 1∶1 匹配后的密度图。如图 4 – 1 所
示，在匹配前，处理组的 p – score 先低于控制组，后又高于控制
组。在匹配后，如图 4 – 2 所示两组的 p – score 基本一致，说明
处理组和控制组在倾向得分匹配后达到了共同支撑标准。

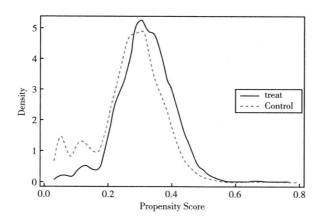

图 4 – 1　倾向评分匹配前的密度函数

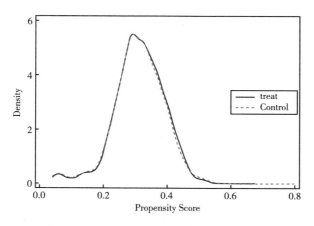

图 4 – 2　1∶1 倾向评分匹配后的密度函数

4.2 变量定义与研究模型

4.2.1 被解释变量——分析师盈余预测准确性

本书研究检验了违规公司的财务违规处罚对其连锁董事公司的分析师预测准确性产生的影响，因此，分析师盈余预测准确性（Ananerror）是本书研究的被解释变量。考虑到每个分析师在一年内会发布多次盈余预测分析报告，以及连锁董事公司违规处罚公告时间点的差异性，在借鉴白晓宇（2009）对分析师预测准确性界定的基础上，本书选择一年内每个分析师对其分析公司最后一次的分析报告数据，计算分析师预测年净利润和公司实际的年净利润差值的绝对值，并且用公司实际净利润的绝对值进行标准化，表示分析师预测偏差，计算公式如下：

$$\text{Ananerror} = \frac{\text{abs}(\text{Fnetpro} - \text{Netpro})}{\text{abs}(\text{Netpro})} \qquad (4-1)$$

其中，Fnetpro 表示分析师预测本公司的年净利润；Netpro 表示公司实际的年净利润，然后据此计算出每个公司所有分析师预测偏差的均值。Ananerror 值越大，分析师盈余预测的准确性越低。

4.2.2 解释变量——财务违规处罚及交互项

（1）财务违规处罚。

①按处罚类型进行分类，获得财务违规处罚数据库。根据中国证监会违规处罚公告的原因，在参考滕飞等（2016）的研究基础上，本书将与财务舞弊相关的虚构利润、虚列资产和虚假记载归类为财务违规处罚。

②本书以违规处罚的公告年份作为连锁董事公司受到冲击的年份。只要公司在当年受到至少一次行政性处罚，本书均且仅保留一条年度—公司处罚样本，认为该公司在当年受到了违规处罚。

③筛选出连锁独立董事公司。如果一家公司的独立董事会至少有一名独立董事同时担任另一家公司的独立董事，则该公司在同一年被视为连锁独立董事公司，简称为连锁董事公司。

④将连锁董事公司与违规公司进行配对，与受处罚的数据进行合并，得到连锁董事违规处罚数据库。由于本书关注的是违规处罚的溢出效应，所以先筛选受到证监会违规处罚的公司，然后匹配与之有共同连锁董事且本公司未受到处罚的公司，获得违规公司的连锁董事公司，为本书研究的目标公司。

⑤生成解释变量财务违规处罚（Eshock）。若目标公司至少有一个连锁董事公司在当年内受到了财务违规处罚，那么，对于目标公司而言，Eshock 赋值为 1；若目标公司没有连锁董事公司在当年内受到财务违规处罚，那么，对于目标公司而言，Eshock 赋值为 0。

（2）财务违规处罚与明星分析师的交互项（Starshock）。

为进一步验证中国证券市场中分析师声誉对上述溢出效应的影响，构建财务违规处罚与明星分析师的交互项（Starshock）。其中，明星分析师设为虚拟变量，用 Star 表示。参照黄俊等（2018）按照新财富分析师排名，位列前五时，将 Star 赋值为 1，表示明星分析师，否则，将 Star 赋值为 0，表示非明星分析师。

4.2.3　控制变量

在控制变量的界定上，本书参考了王攀娜和罗宏（2017）、罗棪心等（2018）和王永妍等（2019）的研究，选择公司规模（Size）、资产负债率（Lev）、股票波动率（Volat）、独立董事比例（Indirector）、第一大股东持股比例（TOP1）、营业收入增长率（Growth）、市账比（MB）、产权性质（State）、机构投资者持股比例（Inshare）、分析师所属公司的规模（Reportnum）、分析师工作经验（Exp）、分析师学历（Edu）、行业（Indcd）和年份（Year）因素作为控制变量。控制变量的定义与计算方法如表 4 - 1 所示。

表 4 - 1　　　　　　　　　控制变量的定义和计算方法

变量名	含义	计算方法
Size	公司规模	期末总资产的自然对数
Lev	资产负债率	期末总资产/期末总负债
Volat	股票波动率	股票日平均收益的标准差
Indirector	独立董事比例	独立董事数量/所有董事数量
TOP	股权集中度	第一大股东持股比例
Growth	营业收入增长率	（当年营业收入 - 前一年营业收入）/前一年营业收入
MB	市账比	总市值/期末总资产
State	产权性质	国有企业 =1；民营企业 =0
Inshare	机构投资者持股比例	机构投资者所持股份占总股份的比例
Reportnum	分析师所属公司的规模	分析师所属公司当年发布分析报告的数量
Exp	分析师工作经验	分析师出具第一个预测报告后发布预测报告的季度数，取自然对数度
Edu	分析师学历	低学历（本科及以下）= 0；高学历（硕士研究生和博士研究生）=1
Indcd		依据中国证监会颁布的《上市公司行业分类指引》
Year		2010 ~2017 年度数据

4.2.4　模型构建

为研究财务违规处罚对连锁董事公司分析师盈余预测准确性

的影响，验证研究假设 H2a 和 H2b，构建模型如下：

$$Ananerror_{i,t} = \alpha + \beta_1 Shock_{i,t} + \beta_2 Control\ Variables_{i,t}$$
$$+ \beta_3 Indcd + \beta_4 Year + \varepsilon \qquad (4-2)$$

其中，Ananerror 为被解释变量，表示连锁董事公司的分析师预测准确性；Shock 为解释变量，表示财务违规处罚。若模型（4-2）中 Shock 的系数显著为正，说明公司发生财务违规处罚，分析师对其连锁董事公司盈余预测的准确性越低，研究假设 H2a 得到验证；相反，若模型（4-2）中 Shock 的系数显著为负，研究假设 H2b 得到验证。

为检验"明星"分析师声誉对财务违规处罚与连锁董事公司分析师预测准确性关系的影响，验证研究假设 H2c 和 H2d，构建模型如下：

$$Ananerror_{i,t} = \alpha + \beta_1 Shock_{i,t} + \beta_2 Star_{i,t} + \beta_3 Starshock_{i,t}$$
$$+ \beta_4 Control\ Variables_{i,t} + \beta_5 Indcd + \beta_6 Year + \varepsilon$$
$$(4-3)$$

依据研究假设 H2c：财务违规处罚发生后，与非明星分析师相比，明星分析师对连锁董事公司分析师预测准确性更高，我们预期模型（4-3）中 Starshock 的系数显著为负；依据研究假设 H2d：财务违规处罚后，与非明星分析师相比，明星分析师对连锁董事公司盈余预测准确性更低，我们预期模型（4-3）中 Starshock 的系数显著为正。

4.3 实证结果与分析

4.3.1 描述性统计

表 4-2 列示了在 1∶1 倾向评分匹配样本下变量的描述性统

计结果。分析师预测准确性（Ananerror）的均值为 0.860，标准差为 2.288，说明中国分析师盈余预测的准确性可能存在较大的差异。财务违规处罚（Eshock）的均值为 0.686，说明在对于目标公司而言，有 68.6% 的连锁董事公司受到财务违规处罚。其他控制变量的描述性统计结果详见表 4 - 2。

表 4 - 2 描述性统计

变量	样本量	均值	中位数	标准差	最大值	最小值
Ananerror	3 635	0.860	0.216	2.288	18.200	0.002
Shock	3 635	0.686	1	0.464	1	0
Star	3 635	0.105	0	0.306	1	0
Starshock	3 635	0.080	0	0.271	1	0
Size	3 635	22.537	22.300	1.365	27	20.200
Lev	3 635	0.434	0.430	0.202	0.863	0.056
TOP	3 635	0.361	0.343	0.158	0.794	0.088
Inshare	3 635	0.448	0.468	0.240	0.903	0.007
Volat	3 635	0.464	0.406	0.222	1.250	0.163
MB	3 635	2.208	1.690	1.924	9.850	0.156
Indirector	3 635	0.374	0.333	0.054	0.571	0.333
State	3 635	0.392	0	0.488	1	0
Growth	3 635	0.185	0.126	0.331	1.850	-0.430
Reportnum	3 635	1 398.120	1 284	858.107	3 261	37
Exp	3 635	2.431	2.480	0.734	3.830	0.588
Edu	3 635	0.929	1	0.257	1	0

4.3.2 多元回归分析

表 4 - 3 报告了模型的实证检验的结果。第（1）列报告了财务违规处罚与连锁董事公司分析师预测准确性的回归结果。财务违规处罚（Eshock）与连锁董事公司分析师预测准确性（Ananerror）

的系数为 0.217，在 1% 水平上显著，说明财务违规处罚显著降低了分析师对连锁董事公司盈余预测的准确性，支持研究假设 H2a。

表 4-3 第（2）列报告了明星分析师调节效应的检验结果。第（3）列和第（4）列分别报告了明星分析师样本组和非明星分析师样本组中，财务违规处罚（Eshock）与连锁董事公司分析师预测准确性（Ananerror）的回归结果。第（2）列全样本中，财务违规处罚（Shock）与明星分析师（Star）交互项（Starshock）的系数为 1.219，显著为正，说明财务违规处罚后，与非明星分析师相比，明星分析师对连锁董事公司预测准确性更低，支持研究假设 H2b。进一步按 Star 进行分组，第（3）列明星分析师组中，Shock 对 Ananerror 回归系数为 0.999，高于第（4）列非明星分析师组中 Shock 的系数 0.109，并且第（3）列和第（4）列组间系数差异卡方值为 5.28，显著为正，说明财务违规处罚后，明星分析师和非明星分析师对连锁董事公司的预测准确性存在显著差别，与非明星分析师相比，明星分析师对连锁董事公司预测的准确性更低，进一步验证了研究假设 H2d。

表 4-3 的检验结果说明，财务违规处罚公告发生后，分析师对连锁董事公司预测的准确性降低，并且明星分析师发挥显著的负面调节效应。

表 4-3　违规处罚、连锁董事公司分析师预测与分析师声誉的检验结果

解释变量	被解释变量：Ananerror			
	全样本	全样本	明星分析师	非明星分析师
	（1）	（2）	（3）	（4）
Shock	0.217 ***	0.082	0.999 **	0.109
	(3.142)	(1.178)	(2.480)	(1.622)
Star		-0.162		
		(-0.960)		

续表

解释变量	被解释变量：Ananerror			
	全样本	全样本	明星分析师	非明星分析师
	(1)	(2)	(3)	(4)
Starshock		1. 219 ***		
		(3. 850)		
Size	-0. 055	-0. 051	0. 919 ***	-0. 178 ***
	(-0. 965)	(-0. 906)	(3. 190)	(-3. 761)
Lev	1. 051 ***	1. 046 ***	-0. 096	1. 541 ***
	(3. 592)	(3. 605)	(-0. 072)	(5. 864)
TOP	-0. 766 ***	-0. 902 ***	-2. 056	-0. 514 **
	(-3. 002)	(-3. 445)	(-1. 550)	(-2. 195)
Inshare	-0. 133	-0. 106	-0. 350	-0. 375 **
	(-0. 736)	(-0. 581)	(-0. 357)	(-2. 218)
Volat	0. 962 ***	0. 889 ***	-1. 402 *	0. 281
	(2. 721)	(2. 588)	(-1. 740)	(0. 849)
MB	0. 042	0. 044	0. 215	0. 023
	(1. 179)	(1. 239)	(1. 329)	(0. 638)
Indirector	0. 509	0. 430	1. 444	1. 105 *
	(0. 873)	(0. 728)	(0. 456)	(1. 832)
State	0. 065	0. 047	-0. 316	0. 040
	(0. 738)	(0. 530)	(-0. 792)	(0. 452)
Growth	-0. 091	-0. 067	2. 231 ***	-0. 765 ***
	(-0. 379)	(-0. 291)	(3. 260)	(-5. 985)
Reportnum	-0. 000	-0. 000 **	-0. 001 ***	-0. 000
	(-0. 734)	(-2. 102)	(-4. 048)	(-1. 111)
Exp	0. 093 *	0. 082 *	1. 035 ***	-0. 047
	(1. 937)	(1. 770)	(3. 765)	(-1. 113)

续表

解释变量	被解释变量：Ananerror			
	全样本	全样本	明星分析师	非明星分析师
	（1）	（2）	（3）	（4）
Edu	-0.080	-0.149	0.294	-0.135
	（-0.529）	（-0.993）	（0.294）	（-0.907）
Constant	2.825 **	3.008 **	-13.454	5.525 ***
	（2.093）	（2.298）	（-1.551）	（5.112）
Indcd/Year	已控制	已控制	已控制	已控制
N	3 635	3 635	381	3 254
R - squared	0.050	0.063	0.559	0.072
adj_R^2	0.039	0.053	0.511	0.061
F	8.113	6.890	11.430	6.429
Chi2			5.28 **	

注：*、**、*** 分别表示变量在 0.1、0.05 和 0.01 的水平上显著，括号中数字为稳健的 t 值。

4.4　进一步分析

4.4.1　分析师预测的正向偏差和负向偏差

在主检验中，根据式（4-1）本书用分析师预测年净利润和公司实际的年净利润差值的绝对值指标（Ananerror），度量分析师盈余预测的准确性。为进一步分析财务违规处罚对连锁董事公司分析师预测正向偏差和负向偏差的不同效应，并对研究假设 H2b 的理论推理进一步检验，我们在式（4-1）的基础上去掉绝对值，创建分析师预测偏差变量 Ferror，如下所示：

$$\text{Ferror} = \frac{\text{Fnetpro} - \text{Netpro}}{\text{Netpro}} \qquad (4-4)$$

Ferror 的值越大，表明分析师预测偏差越大。当 Ferror 大于 0 时，表示分析师预测存在正向偏差，用变量 Ferror + 表示；当 Ferror 小于 0 时，表示分析师预测存在负向偏差，用变量 Ferror - 表示。将式（4-2）和式（4-3）中的因变量分别替换成 Ferror、Ferror + 和 Ferror - ，进行回归检验，得到结果见表 4-4。

表 4-4　财务违规处罚与连锁董事公司分析师预测偏差的检验结果

解释变量	被解释变量：Ferror		被解释变量：Ferror +		被解释变量：Ferror -	
	（1）	（2）	（3）	（4）	（5）	（6）
Shock	0. 251 ***	0. 106	0. 305 ***	0. 116	- 0. 017	- 0. 022 *
	(3. 626)	(1. 518)	(3. 258)	(1. 187)	(- 1. 388)	(- 1. 726)
Star		- 0. 206		- 0. 431 *		- 0. 067
		(- 1. 270)		(- 1. 814)		(- 1. 488)
Starshock		1. 323 ***		1. 550 ***		0. 063
		(4. 190)		(3. 974)		(1. 179)
其他变量	已控制	已控制	已控制	已控制	已控制	已控制
N	3 635	3 635	2 554	2 554	1 081	1 081
R - squared	0. 054	0. 069	0. 060	0. 073	0. 149	0. 152
adj_R^2	0. 044	0. 058	0. 045	0. 058	0. 118	0. 119
F	6. 360	6. 685	9. 739	6. 221	4. 801	4. 645

注：* 、** 、*** 分别表示变量在 0. 1、0. 05、0. 01 的水平上显著，括号中数字为稳健的 t 值。

表 4-4 报告了财务违规处罚与连锁董事公司分析师预测偏差实证检验的结果。如表 4-4 所示，第（1）列财务违规处罚（Eshock）与连锁董事公司分析师预测偏差（Ferror）的系数为 0. 251，在 1% 水平上显著，说明财务违规处罚显著增大了分析师对连锁董事公司盈余预测的偏差，降低了分析师预测准确性，再次验证了研究假设 H2a。第（2）列报告了明星分析师对财务

违规处罚与连锁董事公司分析师预测偏差的调节效应的回归结果。第（2）列财务违规处罚（Shock）与明星分析师（Star）交互项（Starshock）的系数为 1.323，在 1% 水平上显著为正，说明财务违规处罚后，与非明星分析师相比，明星分析师对连锁董事公司预测偏差更大，预测准确性更低，再次验证研究假设 H2d。

表 4 - 4 第（3）列报告了财务违规处罚与连锁董事公司分析师预测正向偏差的回归结果。财务违规处罚（Eshock）与连锁董事公司分析师预测正向偏差（Ferror +）的系数为 0.305，在 1% 水平上显著，说明财务违规处罚显著增大了分析师对连锁董事公司盈余预测的正向偏差。第（4）列报告了明星分析师对财务违规处罚与连锁董事公司分析师预测正向偏差的调节效应的回归结果。第（4）列财务违规处罚（Eshock）与明星分析师（Star）交互项（Starshock）的系数为 1.550，在 1% 水平上显著为正，说明财务违规处罚后，与非明星分析师相比，明星分析师加剧了连锁董事公司预测正向偏差。

表 4 - 4 第（5）列报告了财务违规处罚与连锁董事公司分析师预测负向偏差的回归结果。财务违规处罚（Eshock）与连锁董事公司分析师预测负向偏差（Ferror -）的系数为 - 0.017，统计上并不显著，说明财务违规处罚对连锁董事公司分析师盈余预测负向偏差无显著影响。第（6）列报告了明星分析师对财务违规处罚与连锁董事公司分析师预测负向偏差调节效应的回归结果。财务违规处罚（Eshock）与明星分析师（Star）交互项（Starshock）的系数也不显著，说明财务违规处罚后，明星分析师对连锁董事公司盈余预测的负向偏差无显著调节效应。

进一步地，使用 Ferror、Ferror + 和 Ferror - 按明星分析师和非明星分析师对式（4 - 2）进行分组检验，考察组间差异的显著性，回归结果如表 4 - 5 所示。

表 4 - 5　明星分析师与非明星分析师的盈余预测偏差分组差异检验结果

解释变量	被解释变量：Ferror		被解释变量：Ferror +		被解释变量：Ferror -	
	明星分析师	非明星分析师	明星分析师	非明星分析师	明星分析师	非明星分析师
	(1)	(2)	(3)	(4)	(5)	(6)
Eshock	1.193 ***	0.131 *	1.196 **	0.170 *	0.089	- 0.021
	(2.961)	(1.952)	(2.303)	(1.828)	(1.226)	(- 1.632)
其他变量	已控制	已控制	已控制	已控制	已控制	已控制
N	381	3 254	308	2 246	73	1 008
R - squared	0.561	0.080	0.666	0.086	0.769	0.139
adj_R^2	0.512	0.069	0.620	0.070	0.604	0.105
F	11.484	7.164	14.563	5.344	4.662	4.122
Chi2	7.50 ***		4.29 **		3.77 *	

注：* 、** 、*** 分别表示变量在 0.1、0.05 和 0.01 的水平上显著，括号中数字为稳健的 t 值。

　　如表 4 - 5 所示，第（1）列明星分析师组中，财务违规处罚（Eshock）与连锁董事公司分析师预测偏差（Ferror）的系数为 1.193，在 1% 水平上显著；第（2）列非明星分析师组中，财务违规处罚（Eshock）与连锁董事公司分析师预测偏差（Ferror）的系数为 0.131，在 10% 水平上显著。第（1）列与第（2）列两组组间系数差异卡方值为 7.50，且在 1% 水平上显著。该结果表明财务违规处罚后，与非明星分析师相比，明星分析师对连锁董事公司预测偏差更大，预测准确性更低，进一步支持研究假设 H2d。

　　表 4 - 5 第（3）列明星分析师组中，财务违规处罚（Eshock）与连锁董事公司分析师预测正向偏差（Ferror + ）的系数为 1.196，在 5% 水平上显著；第（4）列非明星分析师组中，财务违规处罚（Eshock）与连锁董事公司分析师预测正向偏差

（Ferror +）的系数为0.170，在10%水平上显著。第（3）列与第（4）列两组组间系数差异卡方值为4.29，且在5%水平上显著。该结果表明财务违规处罚后，与非明星分析师相比，明星分析师对连锁董事公司预测正向偏差更大，进而导致预测准确性更低。

表4-5第（5）列和第（6）列中财务违规处罚（Eshock）与连锁董事公司分析师预测负向偏差（Ferror -）均不显著。该结果表明财务违规处罚后，明星分析师和非明星分析师并没有对连锁董事公司预测负向偏差产生显著影响。

综上可知，财务违规处罚显著增大分析师对连锁董事公司盈余预测的正向偏差，对分析师盈余预测负向偏差无显著影响，并且明星分析师对连锁董事公司盈余预测正向偏差发挥显著的负面调节效应，即相比于非明星分析师，明星分析师显著增大连锁董事公司分析师预测的正向偏差，对盈余预测的负向偏差无显著影响。

根据前面研究假设 H2d 的理论推理：基于迎合动机或者利益结盟动机，财务违规处罚后，与非明星分析师相比，明星分析师盈余预测准确性更低，表4-4和表4-5这一结果意味着 H2d 中明星分析师对其连锁董事公司盈余预测准确性更低，不是由于明星分析师迎合动机导致，更可能是与分析师和连锁董事公司或证券公司之间存在利益结盟有关。根据相关研究，证券公司与分析师之间存在利益交换的可能性，证券公司可能会借助交易佣金对分析师施加压力，导致分析师发布更为乐观的预测，准确性降低（Gu et al.，2013）。唐松莲和陈伟（2017）研究也发现分析师与上市公司利益结盟，导致盈余预测的准确性进一步下降，分析师的声誉效应并没有战胜利益结盟动机。在上一部分分析中，我们发现财务违规处罚引发资本市场对连锁董事公司的负面反应，连锁董事公司的股价发生显著下降，投资者对连锁董事公司持有负面预期。因此，连锁董事公司的管理层或证券公司很可能存在向上调整市场预期的动机，借助交易佣金对分析师施压。与非明星分析师相比，明星分析师的薪酬更高，因而面对佣金压力更大，导致分析师（包括明星分析师）对连锁董事公司发布更为乐观的盈余预测，盈余预测偏差进一步增大。

4.4.2 财务违规处罚与分析师预测：机构投资者的治理效应

对财务违规处罚公司的连锁董事公司而言，我们将进一步探索提高分析师对连锁董事公司盈余预测准确性的治理机制。经验研究发现，由于分析师依赖机构投资者获得业绩评级和交易佣金，机构投资者已成为分析师出具无偏或者较低预测偏差报告的激励因素（Ljungqvist et al.，2007）。然而，"贿赂假说"和分析师所在券商的压力可能诱导其出具有偏的预测报告。分析师的佣金压力越大，其推荐股票的态度就越乐观，预测的准确性越低（Gu et al.，2013）。

因此，对财务违规处罚公司的连锁董事公司而言，我们检验了不同类别的机构投资者对分析师预测准确性的调节作用。目前，机构投资者主要包括基金、合格境外投资者、社保基金、银行及财务公司、证券公司、非金融上市公司、信托公司和保险公司等。

对财务违规处罚公司的连锁董事公司而言，含有的机构投资者包括合格境外投资者、基金、社保基金、财务公司、证券公司、信托公司和保险公司，不包括银行和非金融上市公司。

对财务违规处罚公司的连锁董事公司，本书构建了多元线性回归模型检验不同类型的机构投资者对分析师预测准确性的影响具体如下：

$$
\begin{aligned}
\text{Ananerror}_{i,t} = {} & \alpha + \beta_1 \text{QFii}_{i,t} + \beta_2 \text{Fund}_{i,t} + \beta_3 \text{Security}_{i,t} + \beta_4 \text{Finance}_{i,t} \\
& + \beta_5 \text{Broker}_{i,t} + \beta_6 \text{Insurance}_{i,t} + \beta_7 \text{Entrust}_{i,t} \\
& + \beta_8 \text{Control variable}_{i,t} + \beta_9 \text{Indcd} + \beta_{10} \text{Year} + \varepsilon \quad (4-5)
\end{aligned}
$$

其中，QFii、Fund、Securityfund、Finance、Broker、Insurance 和

Entrust 分别代表合格境外投资者、基金、社保基金、财务公司、证券公司、保险公司和信托公司的持股比例。其他变量的含义同模型（4-2）。

（1）机构投资者持股与分析师预测准确性。表4-6列示了对于财务违规处罚公司的连锁董事公司，即 Eshock = 1 的样本，不同类别的机构投资者持股与分析师预测准确性的回归结果。第（1）列和第（2）列中，QFii 与 Ananerror 均显著负相关，说明合格境外投资者持股比例越高，分析师预测准确性越高。第（1）列和第（3）列中，Fund 与 Ananerror 均显著负相关，说明基金持股比例越高，分析师预测准确性越高。第（1）列和第（4）列中，Security 与 Ananerror 均显著负相关，说明社保基金持股比例越高，分析师预测准确性越高。第（1）列和第（5）列中，Finance 与 Ananerror 均显著负相关，说明财务公司持股比例越高，分析师预测准确性越高。第（1）列和第（6）列中，Broker 与 Ananerror 均显著正相关，说明证券公司持股比例越高，分析师预测准确性越低。第（1）、第（6）和第（7）列中，Entrust、Insurance 与 Ananerror 不存在显著相关性。

可见，合格境外投资者、基金、社保基金和财务公司持股均显著提高分析师的预测准确性，可以对分析师预测行为发挥积极治理作用。但是，证券公司持股显著降低分析师的预测准确性，对分析师预测行为发挥负面的效应。在中国资本市场，分析师的薪酬主要来自证券公司。根据相关研究（Gu et al., 2013），证券公司与分析师之间存在利益交换的可能性，证券公司可能会借助交易佣金对分析师施加压力，这将导致分析师对连锁董事公司的预测偏差增加，准确性降低。保险公司和社保基金对分析师预测行为无显著的治理作用，该结果与布里克利等（Brickley et al., 1988）的研究一致，信托公司和保险公司在资本市场上并没有发挥积极的治理作用。

表4-6   机构投资者持股与分析师对连锁董事公司预测准确性

变量	(1) Ananerror	(2) Ananerror	(3) Ananerror	(4) Ananerror	(5) Ananerror	(6) Ananerror	(7) Ananerror	(8) Ananerror
QFii	−12.121***	−15.293***						
Fund	−1.334***		−2.129***					
Security	−9.578***			−11.187***				
Finance	−32.761***				−30.249***			
Broker	7.993***					8.095***		
Insurance	0.039						−1.490	
Entrust	1.887							2.298
Size	−0.144***	−0.153***	−0.134***	−0.156***	−0.162***	−0.190***	−0.162***	−0.167***
Lev	1.061***	1.018***	1.072***	1.017***	1.062***	1.082***	1.040***	1.027***
Topone	−0.005***	−0.005***	−0.006***	−0.005***	−0.005***	−0.004***	−0.005***	−0.004*
Volat	0.149***	0.154***	0.150***	0.151***	0.154***	0.153***	0.153***	0.154***
MB	0.126	0.423***	0.208	0.386***	0.465***	0.465***	0.459***	0.443***
Dua	0.080	0.065	0.077	0.065	0.066	0.074	0.067	0.064

续表

变量	(1) Ananerror	(2) Ananerror	(3) Ananerror	(4) Ananerror	(5) Ananerror	(6) Ananerror	(7) Ananerror	(8) Ananerror
State	0.061	0.025	0.033	0.049	0.027	0.040	0.033	0.045
Growth	-0.446***	-0.470***	-0.454***	-0.461***	-0.474***	-0.464***	-0.473***	-0.473***
Fcomp	-0.000***	-0.000***	-0.000**	-0.000**	-0.000***	-0.000**	-0.000***	-0.000***
Exp	-0.000	-0.001	-0.001	-0.001	-0.001	-0.000	-0.001	-0.001
行业/年份	控制	控制	控制	控制	控制	控制	控制	控制
Constant	6.298***	2.410***	2.619***	2.491***	2.962***	3.547***	2.993***	3.082***
Observations	4 281	4 281	4 281	4 281	4 281	4 281	4 281	4 281
adj_R²	0.115	0.107	0.110	0.110	0.107	0.116	0.114	0.115
F	10.23	11.26	11.34	11.50	10.99	10.95	11.08	10.93

注：*、**和***分别表示变量在 0.1、0.05 和 0.01 水平上有显著性。

（2）合格境外机构投资者与分析师预测准确性。我们发现合格境外投资者、基金、社保基金和财务公司持股均对分析师预测准确性发挥积极治理作用。相比之下，境外机构投资者拥有较为成熟的资本管理模式，崇尚长期价值投资和稳定运营的理念。本书将进一步检验境外机构投资者与其他积极监督机构投资者（基金、社保基金和财务公司）在治理分析师预测准确性上的差异。我们将基金、社保基金和财务公司归类为境内积极监管机构投资者，符号 Dome，表示基金、社保基金和财务公司持股比例之和。

表 4 - 7 列示了境内积极监管机构投资者持股（Dome）、合格境外机构投资者持股（QFii）与分析师预测准确性（Ananerror）的回归结果，并通过组间系数差异检验（SUREST）对两类机构投资者和分析师预测偏差进行系数差异性检验分析。

表 4 - 7　　　合格境外机构投资者与分析师预测准确性

变量	（1） Ananerror	（2） Ananerror
QFii	- 15. 077 **	
Dome		- 2. 252 ***
Size	- 0. 150 ***	- 0. 129 ***
Lev	1. 022 ***	1. 070 ***
Topone	- 0. 005 **	- 0. 006 ***
Volat	0. 154 ***	0. 149 ***
MB	0. 393 **	0. 168
Dua	0. 067	0. 077
State	0. 022	0. 036
Growth	- 0. 472 ***	- 0. 451 ***
Fcomp	- 0. 000 ***	- 0. 000 **
Exp	- 0. 001	- 0. 001

续表

变量	(1) Ananerror	(2) Ananerror
行业/年份	控制	控制
Constant	6.296 ***	6.041 ***
Observations	4 281	4 281
adj_R^2	0.116	0.111
F	14.21	14.66
Chi2	22.22 ***	

注：*、** 和 *** 分别表示变量在 0.1、0.05 和 0.01 水平上有显著性。

表 4 - 7 第（1）列显示 QFii 的回归系数为 - 15.077，显著
为负。第（2）列的结果显示 Dome 的回归系数为 - 2.252，显著
为负。SUREST 检验结果表明，Dome 和 QFii 两组对 Ananerror 的
影响程度有显著的差异（Chi2 = 22.22）。合格境外机构投资者
持股对分析师预测准确性的正向激励效应显著大于境内积极监管
机构投资者对其激励效应。

4.5　本章小结

本章研究财务违规处罚这一外生事件对其连锁董事公司分析
师盈余预测产生的溢出效应，以及明星分析师和不同类型机构投
资者持股在其中发挥不同效应。通过实证研究发现：首先，财务
违规处罚发生后，分析师对其连锁董事公司盈余预测准确性显著
降低。其次，明星分析师和非明星分析师对连锁董事公司的预测
准确性存显著差别，明星分析师对连锁董事公司盈余预测准确性
发挥显著的负面调节效应，与非明星分析师相比，明星分析师对
连锁董事公司预测准确性更低。财务违规处罚显著增大分析师对

连锁董事公司盈余预测的正向偏差，对分析师盈余预测负向偏差无显著影响，并且相比于非明星分析师，明星分析师对连锁董事公司盈余预测的正向偏差更大。最后，基金持股、合格境外投资者持股、社保基金持股和财务公司持股均对连锁董事公司的分析师预测准确性发挥显著的激励效应，并且合格境外机构投资者对分析师预测准确性的激励效应显著强于境内机构投资者（基金、社保基金、财务公司）的激励效应。证券公司持股显著降低分析师对连锁董事公司预测的准确性。信托公司持股和保险公司持股对连锁董事公司分析师预测准确性没有显著影响。

第5章　财务违规处罚与连锁董事公司独立董事异议行为的实证分析

5.1　样本选择

本章从国泰安金融研究数据库（CSMAR）和 Wind 资讯金融数据库获得相关研究数据，选取了 2010～2019 年沪深两市的 A 股上市公司作为研究样本，采用"公司—年度—独立董事"的数据结构，按照以下步骤对样本进行了筛选：首先，剔除 ST 类公司、金融行业公司以及在当年 IPO 的公司；其次，删除在样本期内与违规公司相关联的连锁董事公司本身受到处罚的所有观测值；最后，剔除违规公司的违规公告时间与违规时间不在同年度内的观测值。最终筛选得到了 3 277 个公司，13 102 位独立董事，共计 63 547 个观测值，其中因财务违规受到处罚的违规公司有 8 932 个观测值。

5.2　变量定义与研究模型

5.2.1　被解释变量——独立董事异议意见

本书参考谢德仁和陈运森（2012）研究对董事网络的定义，

界定连锁董事。研究涉及的连锁董事，专指连锁独立董事，即同时担任两家或两家以上公司的独立董事，研究中简称为连锁董事。由于本书研究关注财务违规处罚通过董事网络所产生的溢出效应，因此，与财务违规处罚公司关联的连锁董事公司是本书研究关注的目标公司。

中国证监会强制上市公司披露所有独立董事出席会议和投票意见等数据，为本书开展研究奠定可行性基础。独立董事的投票意见类型包括同意、保留意见、反对意见、无法发表意见、弃权、提出异议和其他共 7 种类型。叶康涛等（2011）和祝继高等（2015）将除了同意意见之外其他类型的投票意见归为异议意见的范围。本书借鉴上述研究的做法，并以此为基础计算被解释变量：连锁董事公司的独立董事是否对董事会议案发表异议意见（Vote）。如果独立董事在当年至少发表过一次异议意见，则Vote 赋值为1，如果独立董事没有发表过异议意见，则 Vote 赋值为 0。

5.2.2 解释变量——财务违规处罚和财务违规处罚程度

（1）按处罚类型进行分类，获得财务违规处罚数据库。根据中国证监会违规处罚公告的原因，在参考滕飞等（2016）的研究基础上，本书将与财务舞弊相关的虚构利润、虚列资产和虚假记载归类为财务违规处罚。

（2）以违规处罚的公告年份作为连锁董事公司受到冲击的年份。只要公司在当年受到至少一次行政性处罚，本书均且仅保留一条年度—公司处罚样本，认为该公司在当年受到了违规处罚。

（3）筛选出连锁独立董事公司。如果一家公司的独立董事会至少有一名独立董事同时担任另一家公司的独立董事，则该公司在同一年被视为连锁独立董事公司，简称为连锁董事公司。

（4）将连锁董事公司与违规公司进行配对，与受处罚的数据进行合并，得到连锁董事公司违规处罚数据库。由于本书关注的是违规处罚的溢出效应，所以首先筛选受到证监会违规处罚的公司，其次匹配与之有共同连锁董事且本公司未受到处罚的公司，获得违规公司的连锁董事公司，为本书研究的目标公司。

（5）生成解释变量财务违规处罚（Eshock）。若目标公司至少有一个连锁董事公司在当年内受到了财务违规处罚，那么对于目标公司而言，Eshock 赋值为 1；若目标公司没有连锁董事公司在当年内受到财务违规处罚，那么对于目标公司而言，Eshock 赋值为 0。

（6）生成解释变量财务违规处罚程度（Eshocktimes）。统计对于目标公司而言，在当年受到了财务违规处罚的连锁董事公司的数量，该数量用于衡量目标公司受到财务违规处罚影响的程度。

5.2.3　控制变量

参考杜兴强等（2019）、郑志刚等（2019）和祝继高等（2015）的研究，加入了以下可能会影响独立董事异议行为的控制变量。选择公司规模（Size）、资产负债率（Lev）、股票波动率（Volat）、公司成长性（Growth）、净资产收益率（ROE）、市账比（MB）和股权性质（State）控制公司的基本特征；选择股权制衡水平（Top2_10）、两职合一（Dua）、机构投资者比例（Inshare）和董事会下设委员会数量（Committee）控制公司的治理水平；加入独立董事年龄（Age）、独立董事任职年限（Tenure）、独立董事兼职席位（Seats）、性别（Gender）、独立董事薪酬（Salary）控制独立董事的个人特征。除此之外，本书中还控制了年份和行业。控制变量的定义与计算方法如表 5 - 1 所示。

表 5 - 1 控制变量的定义和计算

变量名	计算方法
Size	期末总资产的自然对数
Lev	期末总资产与期末总负债的比率
Volat	股票收益的标准差
Growth	本年度营业收入与上年营业收入之差，除以上期营业收入
ROE	净利润/期末总净资产
MB	期末市场价值与总资产的比率
State	如果是国有企业，State = 1；如果是私营企业，State = 0
Top2_10	第二至第十大股东持有股份之和与公司总股份的比例
Dua	董事长和总经理两职合一时取 1，否则为 0
Inshare	机构投资者持股数/公司总股数
Committee	董事会下设委员会的数量
Age	董事年龄的自然对数
Tenure	任现职的年限 = T 年 - 独立董事任现职的起始年份
Seats	独立董事在 A 股上市公司中任职席位的数量，包括在本公司和其他公司
Gender	女性取 1，否则为 0
Salary	独立董事薪酬的自然对数
Indcd	中国证监会发布的《上市公司行业分类指引》
Year	2010 ~ 2019 年

5.2.4 模型构建

为检验财务违规处罚与独立董事是否发表异议意见之间的关系，本书构建了 Logistic 回归模型（5 - 1）和模型（5 - 2）：

$$Vote_{i,t} = \alpha + \beta_1 Eshock_{i,t} + \beta_2 Control\ variables_{i,t} + \beta_3 Indcd$$
$$+ \beta_4 Year + \varepsilon \qquad (5-1)$$

$$Vote_{i,t} = \alpha + \beta_1 Eshocktimes_{i,t} + \beta_2 Control\ variables_{i,t}$$
$$+ \beta_3 Indcd + \beta_4 Year + \varepsilon \qquad (5-2)$$

其中，Vote 为被解释变量；Eshock 和 Eshocktimes 分别为解释变量；Control variables 代指上述除年度与行业外的所有控制变量。模型（5-1）用于检验假设 H3a，如果 β_1 显著为正，表明公司受到财务违规处罚显著提高其连锁董事公司独立董事异议意见的可能性，研究假设 H3a 将得到验证。模型（5-2）用于检验假设 H3b。如果 β_1 显著为正，表明财务违规处罚对连锁董事公司的影响程度（Eshocktimes）显著提高连独立董事异议意见（Vote）的可能性，研究假设 H3b 得到验证。

5.3　实证结果与分析

5.3.1　描述性统计分析

表 5-2 报告了模型（5-1）和模型（5-2）涉及的所有变量的描述性统计结果。为了避免极端值对结果的影响，对所有连续变量作了 1% 和 99% 的 Winsorize 处理。其中被解释变量独立董事是否发表异议意见（Vote）的平均值为 0.007，标准差为 0.0835，说明发表异议意见的独立董事数量非常少。财务违规处罚（Eshock）的均值为 0.141，说明有 14.1% 的研究样本受到了财务违规处罚的影响。财务违规处罚程度（Eshocktimes）的标准差为 0.349，最大值为 3，最小值为 1，说明对连锁董事公司而言，最多有三个关联公司在当年受到财务违规处罚。

表 5 – 2   描述性统计分析

变量名	样本数	均值	中位数	标准差	最大值	最小值
Vote	63 547	0.0070	0.0000	0.0835	1.0000	0.0000
Eshock	63 547	0.1410	0.0000	0.3480	1.0000	0.0000
Eshocktimes	8 197	1.1200	1.0000	0.3490	3.0000	1.0000
ROE	63 547	0.0855	0.0769	0.1280	0.5950	-0.4290
Top2_10	63 547	22.3000	21.2000	12.7000	55.3000	2.1100
Size	63 547	22.3000	22.1000	1.2700	26.2000	19.8000
Lev	63 547	0.4450	0.4420	0.2040	0.8830	0.0563
Volat	63 547	2.0500	1.390	2.6300	21.5000	0.9040
Growth	63 547	0.2040	0.1160	0.4930	3.5400	-0.5280
MB	63 547	0.6200	0.6190	0.2500	1.1500	0.1180
Dua	63 547	0.2400	0.0000	0.4270	1.0000	0.0000
Inshare	63 547	0.0652	0.0423	0.0699	0.3260	0.0000
State	63 547	0.4230	0.0000	0.4940	1.0000	0.0000
Age	63 547	3.9700	3.9700	0.1640	4.3300	3.5800
Tenure	63 547	2.5800	2.0000	1.9300	7.0000	-1.0000
Seats	63 547	1.6400	1.0000	1.0600	5.0000	1.0000
Gender	63 547	0.1670	0.0000	0.3730	1.0000	0.0000
Salary	63 547	11.0000	11.0000	0.5970	12.4000	8.7300
Committee	63 547	3.9400	4.0000	0.4410	5.0000	2.0000

5.3.2 多元回归分析

表 5 – 3 第（1）列报告了违规公司受到财务违规处罚（Es-
hock）与其连锁董事公司独立董事发表异议意见（Vote）的回归
结果。回归模型的伪 R^2 为 8.87%，表明该模型具有一定的解释
力。Eshock 的回归系数为 0.390，在 0.01 水平上显著为正，说
明如果违规公司受到了财务违规处罚，其连锁董事公司独立董事

发表异议意见（Vote）的概率显著提高。本书进一步计算得到了 Vote 对 Eshock 的概率的边际效应为 0.26%，约占，Vote 均值 （0.7%）的 37.14%，说明该系数具有经济显著性。综上，研究 假设 H3a 得到验证。第（2）列报告了财务违规处罚程度 （Eshocktimes）与连锁独立董事在连锁董事公司发表异议意见 （Vote）的回归结果。回归模型的伪 R^2 为 16.20%，表明该模型 具有一定的解释力。Eshocktimes 的回归系数为 1.117，在 0.01 显著性水平上为正，说明财务违规处罚对连锁董事公司的影响程 度越高，连锁董事公司独立董事发表异议意见（Vote）的概率会 更高，研究假设 H3b 得到验证。

表 5 - 3　财务违规处罚与连锁董事公司独立董事异议意见

变量	（1）Vote	（2）Vote
Eshock	0.3897 *** （3.3895）	
Eshocktimes		1.1172 *** （5.8797）
ROE	-0.1331 （-0.3205）	1.0504 （1.1961）
Top2_10	0.0078 * （1.9478）	-0.0024 （-0.2272）
Size	-0.1533 *** （-2.7935）	-0.1423 （-1.4441）
Lev	0.9227 *** （2.7838）	0.2048 （0.3402）
Volat	0.0314 ** （2.1234）	-0.0452 （-1.4247）
Growth	-0.1840 （-1.5449）	-0.3161 （-0.7714）

续表

变量	(1) Vote	(2) Vote
MB	-0. 3619 (-1. 3449)	0. 2804 (0. 5920)
Dua	-0. 1298 (-1. 0476)	0. 1617 (0. 6063)
Inshare	-2. 0930 ** (-2. 3420)	-2. 3880 (-1. 1460)
State	0. 1046 (0. 9240)	0. 6345 ** (2. 4184)
Age	-0. 0281 (-0. 0935)	0. 0036 (0. 0049)
Tenure	0. 0496 * (1. 9292)	0. 0328 (0. 6267)
Seats	-0. 2565 *** (-4. 5332)	-0. 3050 ** (-2. 4805)
Gender	0. 1006 (0. 8087)	0. 1504 (0. 5461)
Salary	0. 5437 *** (6. 3507)	0. 6145 *** (3. 6189)
Committee	0. 3007 *** (2. 6366)	0. 4569 (1. 3246)
Constant	-9. 3882 *** (-5. 5730)	-11. 6283 *** (-3. 0766)
年度固定效应	控制	控制
行业固定效应	控制	控制
样本数	63 547	8 197
Pseudo R^2	0. 0887	0. 1620
Wald chi2	14 560. 34 ***	863. 47 ***

注: * 、** 、*** 分别表示变量在0. 1、0. 05 和0. 01 水平上显著相关。

5.3.3　Heckman 两阶段回归

本书参考祝继高（2015）的研究，采用 Heckman 两阶段回归法进行检验。在第一阶段，以 probit 模型估计得到逆米尔斯比率（Lambda），在模型中控制了公司规模（Size）、资产负债率（Lev）、股票波动率（Volat）、公司成长性（Growth）、净资产收益率（ROE）、市账比（MB）、股权性质（State）、股权制衡水平（Top2_10）、两职合一（Dua）、机构投资者比例（Inshare）、董事会下设委员会数量（Committee）、控制董事会的治理水平、独立董事年龄（Age）、独立董事任职年限（Tenure）、独立董事兼职席位（Seats）、性别（Gender）、独立董事薪酬（Salary）、以及行业和年度固定效应。第二阶段，将 Lambda 系数代入原回归模型（5-1）和模型（5-2）中，分别检验 Eshock 和 Eshocktimes 对 Vote 回归结果。

表5-4第（1）列和第（3）列分别报告了第一阶段回归结果，表5-2第（2）列和第（4）列分别报告了第二阶段的回归结果。结果显示在控制 Lambda 变量后，Eshock 和 Eshocktimes 的回归系数均在0.01显著性水平上显著为正，进一步验证研究假设 H3a 和 H3b。

表5-4　两阶段回归下财务违规处罚与连锁董事公司独立董事异议意见

变量	（1）Eshock	（2）Vote	（3）Eshocktimes	（4）Vote
Eshock		6.1844 *** （2.7970）		
Eshocktimes				1.4883 *** （3.0002）
ROE	0.0852 （1.4943）	-0.2523 （-0.5990）	-0.1763 （-1.1074）	1.1092 （1.2645）

续表

变量	（1）Eshock	（2）Vote	（3）Eshocktimes	（4）Vote
Top2_10	-0.0013 ** (-2.2910)	0.0097 ** (2.4089)	-0.0005 (-0.3415)	-0.0021 (-0.2014)
Size	0.0023 (0.2718)	-0.1591 *** (-2.8875)	0.0144 (0.5952)	-0.1427 (-1.4433)
Lev	0.2428 *** (6.0078)	0.5883 * (1.6747)	0.1451 (1.2187)	0.2124 (0.3524)
Volat	-0.0012 (-0.4909)	0.0337 ** (2.2735)	0.0056 (0.7248)	-0.0445 (-1.4027)
Growth	-0.0179 (-1.2706)	-0.1554 (-1.2973)	-0.0894 ** (-2.0220)	-0.3137 (-0.7655)
MB	-0.0486 (-1.2525)	-0.2807 (-1.0192)	0.1844 * (1.6524)	0.2306 (0.5043)
Dua	-0.0432 *** (-2.7811)	-0.0650 (-0.5130)	0.1464 *** (3.3426)	0.1545 (0.5676)
Inshare	0.2021 * (1.9173)	-2.3670 *** (-2.6419)	1.2200 *** (3.9847)	-2.6152 (-1.2287)
State	-0.0369 ** (-2.4093)	0.1671 (1.4674)	-0.0159 (-0.3584)	0.6536 ** (2.4637)
Age	-0.0957 ** (-2.3875)	0.0978 (0.3196)	0.0756 (0.6414)	0.0082 (0.0109)
Tenure	0.0095 *** (2.8386)	0.0359 (1.4014)	0.0009 (0.0926)	0.0326 (0.6187)
Seats	0.0576 *** (9.9139)	-0.3458 *** (-5.0666)	0.0373 ** (2.3828)	-0.3087 ** (-2.5124)
Gender	-0.0195 (-1.1515)	0.1293 (1.0268)	-0.0051 (-0.1039)	0.1533 (0.5565)
Salary	-0.1036 *** (-9.3214)	0.6974 *** (6.9721)	-0.1396 *** (-4.4329)	0.6363 *** (3.6739)

续表

变量	(1) Eshock	(2) Vote	(3) Eshocktimes	(4) Vote
Committee	0.0010 (0.0662)	0.2939*** (2.5804)	0.0622 (1.3989)	0.4476 (1.3103)
Lambda		-3.2247*** (-2.6090)		-0.2681 (-0.8006)
Constant	0.3376 (1.3284)	-11.2796*** (-6.2496)	-0.1457 (-0.1942)	-10.5682*** (-2.9061)
年度固定效应	控制	控制	控制	控制
行业固定效应	控制	控制	控制	控制
样本数	63 547	63 547	8 971	8 197
Pseudo R²	0.0397	0.0901	0.0441	0.1620
LR chi2/Wald chi2	2 046.24***	13 912.83***	267.86***	924.34***

注：*、**、*** 分别表示变量在0.1、0.05 和0.01 水平上显著相关。

5.3.4 倾向评分匹配

以上面的控制变量为倾向评分匹配的标准，采用 1∶1 匹配的方法对样本进行筛选。表 5 - 5 第（1）列报告了在倾向评分匹配下样本下，对假设 H3a 的回归结果。Eshock 的回归系数在 0.01 显著性水平下为正，仍然支持 H3a 的结论。第（2）列报告了在倾向评分匹配下样本下，对假设 H3b 的检验结果。Eshocktimes 的回归系数也在 0.01 显著性水平下为正，说明假设 H3b 依然得到了验证。

可见，在考虑样本选择性偏差问题后，实证结果依然支持结论：公司发生财务违规处罚，其连锁董事公司独立董事对董事会议案发表异议意见的可能性显著提高；财务违规处罚对连锁董事公司的影响程度越高，独立董事发表异议意见的概率越高。

表 5 - 5　倾向评分匹配下财务违规处罚与连锁董事公司独立董事异议意见

变量名称	（1）Vote	（2）Vote
Eshock	0. 5597 ***	
	（3. 0583）	
Eshocktimes		1. 4016 ***
		（2. 8452）
ROE	0. 4376	6. 9851 ***
	（0. 4923）	（4. 3703）
Top2_10	0. 0016	- 0. 0702 *
	（0. 2041）	（ - 1. 7817）
Size	- 0. 0566	- 0. 5143 **
	（ - 0. 6873）	（ - 2. 1132）
Lev	0. 6748	1. 9938
	（1. 2744）	（1. 4875）
Volat	0. 0384	0. 0320
	（1. 3321）	（0. 2926）
Growth	- 0. 2021	- 4. 0710 ***
	（ - 0. 9339）	（ - 4. 4946）
MB	- 0. 3613	- 0. 1885
	（ - 0. 8610）	（ - 0. 1474）
Dua	0. 1010	2. 3617 ***
	（0. 4481）	（2. 9995）
Inshare	- 1. 4645	9. 4887 ***
	（ - 0. 8648）	（2. 5900）
State	0. 2400	2. 1708 ***
	（1. 1334）	（2. 5861）
Age	0. 3290	- 0. 7616
	（0. 5412）	（ - 0. 4642）

续表

变量名称	（1）Vote	（2）Vote
Tenure	0.0029 （0.0670）	0.0423 （0.3484）
Seats	−0.2785 *** （−2.8121）	−0.2160 （−0.9894）
Gender	0.1983 （0.9077）	0.0911 （0.1489）
Salary	0.4358 *** （3.2260）	1.1917 *** （3.4644）
committee	0.4729 ** （2.0122）	−0.7507 （−1.3453）
Constant	−12.2320 *** （−3.9594）	−3.2230 （−0.4535）
年度固定效应	控制	控制
行业固定效应	控制	控制
样本数	15 178	577
Pseudo R^2	0.0976	0.3522
Wald chi2	186.54 ***	169.03 ***

注：* 、** 、*** 分别表示变量在 0.1、0.05 和 0.01 水平上显著相关。

5.4 进一步分析

5.4.1 公司层面：财务违规处罚与异议连锁董事公司

基本检验从独立董事层面研究财务违规处罚对独立董事在连锁董事公司中的投票行为的影响。本书将从公司层面展开进一步研究。参考叶康涛等（2011）和祝继高等（2015）的研究计算得到被解释变量——异议独立董事公司（Objectres）。如果该公司当年至少有一位独立董事对其董事会议案发表过异议意见，表示该公司为异议独立董事公司，该变量赋值为1；如果该公司当年没有任何一位独立董事对其董事会议案发表过异议意见，表示该公司为非异议独立董事公司，该变量赋值为0。解释变量依然为财务违规处罚（Eshock）和财务违规处罚程度（Eshocktimes）。

回归分析结果如表5-6所示，第（1）列中Eshock的回归系数显著为正，说明如果公司受到了财务违规处罚，其连锁董事公司被独立董事异议（Objectres）的可能性显著提高。进一步计算得到Vote对Eshock的概率的边际效应为0.358%，约占Objectres均值（1.076%）的33.27%，说明该系数具有经济显著性。在第（2）列中，Eshocktimes的回归系数也显著为正。说明财务违规处罚对其连锁董事公司影响程度越高，连锁董事公司被独立董事异议（Objectres）的概率越高。

表5-6　　　　财务违规处罚与异议连锁董事公司

变量	（1）Objectres	（2）Objectres
Eshock	0.3398 * (1.8053)	
Eshocktimes		1.3070 *** (3.2635)
ROE	-0.5661 (-0.8635)	1.2362 (0.7462)
Top2_10	0.0103 * (1.6804)	-0.0055 (-0.3190)
Size	-0.0926 (-1.0338)	0.0299 (0.1681)
Lev	0.6826 (1.3531)	-0.1577 (-0.1584)

续表

变量	(1) Objectres	(2) Objectres
Volat	0. 0314 (1. 3949)	-0. 0322 (-0. 5717)
Growth	0. 0333 (0. 2093)	0. 0965 (0. 2354)
MB	-0. 4742 (-1. 1339)	-0. 3765 (-0. 4333)
Dua	-0. 1747 (-0. 9050)	-0. 1078 (-0. 2426)
Inshare	-1. 8638 (-1. 3919)	-3. 0907 (-0. 8426)
State	0. 1447 (0. 8406)	0. 4160 (1. 0207)
MGender	0. 0359 (0. 0929)	0. 4355 (0. 4058)
MTenure	-0. 0651 (-0. 9409)	-0. 0711 (-0. 3679)
MAge	0. 0012 (0. 0846)	0. 0102 (0. 2835)
MSeats	-0. 5798 *** (-4. 4527)	-0. 9007 *** (-3. 0156)
MSalary	0. 2172 (1. 2195)	-0. 3008 (-0. 6470)
Committee	0. 2312 (1. 2858)	0. 3367 (0. 5574)
Constant	-5. 0655 ** (-2. 2706)	-2. 5387 (-0. 3842)

变量	（1）Objectres	（2）Objectres
年度固定效应	控制	控制
行业固定效应	控制	控制
样本数	17 370	2 209
Pseudo R^2	0. 0575	0. 1540
Wald chi2	126. 51 ***	317. 22 ***

注：＊、＊＊、＊＊＊ 分别表示变量在0.1、0.05 和0.01 水平上显著相关。MGen-
der 为公司中女性独立董事比例；MTenure 为公司董事任职年限均值；Mage 为公司独
立董事年龄均值；MSeats 为公司独立董事在 A 股上市公司中任职席位的数量均值；
MSalary 为公司独立董事薪酬自然对数均值。

5.4.2　监管处罚与连锁公司独立董事异议意见

进一步研究中，本书不限于财务违规处罚类型，考虑所有行
政处罚类型，即包括虚构利润、虚列资产、虚假记载、推迟披
露、重大遗漏、披露不实、欺诈上市、出资违规、擅自改变资金
用途、占用公司资产、内幕交易、违规买卖股票、操纵股价违规
担保、一般会计处理不当以及其他违规行为，生成解释变量监管
处罚（Shock）和违规处罚程度（Shocktimes），考察监管处罚对
连锁公司独立董事异议意见的影响。分别从独立董事层面与公司
层面，进行实证检验，回归结果分别如表 5 - 7 和表 5 - 8 所示。

表 5 - 7　独立董事层面：监管处罚与连锁董事公司独立董事
发表异议意见

变量	（1）Vote	（2）Vote
Shock	0. 2183 ** (2. 2756)	
Shocktimes		0. 4648 *** (4. 1934)

续表

变量	（1）Vote	（2）Vote
其他控制变量	−9.3142 *** （−5.5480）	−5.5116 ** （−2.0035）
Year	控制	控制
Industry	控制	控制
N	62 841	21 293
Pseudo R²	0.0860	0.1098
Wald chi2	448.91 ***	408.08 ***

注：*、**、*** 分别表示变量在0.1、0.05 和0.01 水平上显著相关。

表5−8　　　公司层面：监管处罚与异议连锁董事公司

变量	（1）Objectres	（2）Objectres
Shock	0.2654 * （1.7719）	
Shocktimes		0.4395 ** （2.4091）
Constant	−5.0710 ** （−2.2693）	−1.0062 （−0.2554）
Year	控制	控制
Industry	控制	控制
N	17 370	5 767
Pseudo R²	0.0575	0.0818
Wald chi2	128.38 ***	152.52 ***

注：*、**、*** 分别表示变量在0.1、0.05 和0.01 水平上显著相关。MGender 为公司中女性独立董事比例；MTenure 为公司董事任职年限均值；Mage 为公司独立董事年龄均值；MSeats 为公司独立董事在 A 股上市公司中任职席位的数量均值；MSalary 为公司独立董事薪酬自然对数均值。

表5−7 从独立董事层面列报监管处罚对连锁公司独立董事

异议意见的检验结果。第（1）列中 Shock 的回归系数为 0.218，在 0.05 显著性水平上为正，说明如果公司受到了监管处罚，连锁董事公司独立董事发表异议意见（Vote）的概率显著提高。进一步计算得到 Vote 对 Shock 的概率的边际效应为 0.152%，约占 Vote 均值（0.7%）的 21.71%，说明该系数具有经济显著性。第（2）列中 Shocktimes 的回归系数为 0.465，在 0.01 显著性水平上为正，说明监管处罚对连锁董事公司的影响程度越高，连锁董事公司的独立董事发表异议意见（Vote）的概率越高。

表 5-8 从公司层面报告监管处罚与异议连锁董事公司的检验结果。第（1）列中 Shock 的回归系数为 0.265，在 0.1 水平上显著为正。说明如果公司受到了监管处罚，其连锁董事公司的被独立董事异议（Objectres）的概率显著提高。进一步计算得到 Vote 对 Eshock 的概率的边际效应为 0.283%，约占 Objectres 均值（1.076%）的 26.30%，说明该系数具有经济显著性。在第（2）列中 Shocktimes 的回归系数为 0.439，在 0.05 水平上显著为正，说明监管处罚对连锁董事公司的影响程度越高，连锁董事公司的被独立董事异议（Objectres）的概率会更高。

可见，监管处罚对连锁公司独立董事异议行为产生积极溢出效应的结果，不限于财务违规处罚类型，该结果揭示证监会监管处罚通过董事网络能够对独立董事治理能力的提升发挥积极治理效应，进一步验证证监会监管处罚的有效性。

5.5 本章小结

本章实证检验财务违规处罚对连锁董事公司独立董事异议行为的影响。实证结果发现财务违规处罚公告发生后，独立董事对连锁董事公司董事会议案异议行为显著提高。财务违规处罚对连锁董事公司的影响程度越高，连锁董事公司被独立董事异议的可能性越大。监管处罚对连锁公司独立董事异议行为产生积极溢出效应的结果，不限于财务违规处罚类型，对于所有行政处罚而言，均能通过董事网络对独立董事治理能力的提升发挥积极治理效应。

第 6 章 结   论

本书以监管处罚溢出效应作为切入点，首先采用事件研究法检验财务违规处罚公告引发连锁董事公司的市场反应；其次，实证检验财务违规处罚对连锁董事公司分析师盈余预测准确性的影响，明星分析师的调节效应以及机构投资持股对分析师预测的治理作用；再次，实证检验财务违规处罚对连锁董事公司独立董事异议行为的影响，同时，基于公司层面以及所有行政处罚类型，对监管处罚与连锁公司独立董事异议行为进行拓展分析；最后，基于独立董事异议行为的经济后果研究，进一步探索公司财务违规处罚对连锁董事公司的信息披露质量和大股东利益侵占的治理效应。

本书研究发现：

（1）财务违规处罚公告事件显著降低其连锁董事公司的超额累计收益，市值下降，短期内引发连锁董事公司负面市场反应。

（2）公司财务违规处罚公告发生后，分析师对其连锁董事公司盈余预测准确性显著降低。明星分析师对连锁董事公司盈余预测准确性发挥显著的负面调节效应，与非明星分析师相比，明星分析师对连锁董事公司预测准确性更低。财务违规处罚显著增大分析师对连锁董事公司盈余预测的正向偏差，对分析师盈余预测负向偏差无显著影响，并且相比于非明星分析师，明星分析师对连锁董事公司盈余预测的正向偏差更大。但是，监管处罚后，不同类型的机构投资者持股可以对分析师盈余预测准确性发挥不同的治理效应。基金持股、合格境外投资者持股、社保基金持股和财务公司持股均对连锁董事公司的分析师预测准确性发挥显著的激励效应，证券公司持股显著降低分析师对连锁董事公司预测的准确性。信托公司持股和保险公司持股对连锁董事公司分析师预测准确性没有显著影响。

（3）公司财务违规处罚公告发生后，其连锁董事公司的独立董事对董事会议案提出异议意见的可能性显著提高。而且，财务违规处罚对连锁董事公司的影响程度越大，独立董事对董事会议案发表异议意见的可能性越大。在考虑事件研究窗口期和样本选择性偏差问题后，研究结果不变。对公司层面而言，公司财务违规处罚显著提高其连锁董事公司被独立董事异议的概率；财务违规处罚对连锁董事公司的影响程度越高，连锁董事公司被独立董事异议的可能性越大。

（4）对于包括所有类型的行政处罚而言，监管处罚仍然显著提高连锁公司独立董事发表异议意见的概率，并且监管处罚对连锁董事公司的影响程度越高，独立董事对连锁董事公司董事会议案发表异议意见的概率会越高。

本书的研究结论对上市公司和监管机构具有一定的启示：

（1）防控监管处罚因董事网络溢出的金融风险。基于董事网络，财务违规处罚后，分析师对连锁董事公司预测准确性降低，将会损害信息传递和资本市场的效率，随之产生的市场风险向不具备风险承受能力的普通投资者扩散，有可能通过行业、流动性、产品联结等其他渠道引发跨市场、跨机构的风险联动，演化成区域性、系统性金融风险。证监会需要加强防控因董事网络产生的金融风险的扩散与传染，持续提升监管的效率，推进监管科技建设。证监会可以应用大数据、云计算等监管科技手段对具有连锁董事网络的公司进行数据挖掘与统计分析，对整个资本市场运行状态进行实时的风险监测与预警，对违法违规行为加大处罚力度，提升主动监管的效率。

（2）目前中国资本市场中亟待建立分析师声誉激励的完备机制，包括声誉回报机制、奖惩分明、优胜劣汰机制。分析师声誉激励机制有效性存在问题。财务违规处罚后，"明星"名誉对分析师预测准确性发挥负向调节作用，明星分析师对连锁董事公司盈余预测的乐观偏差更大。研究结果说明，在中国资本市场中，分析师利益结盟动机超过声誉效应，导致现有的声誉机制在一定程度上被扭曲，建议进一步完善明星分析师评选的机制，建立更客观公正的量化评价标准。

（3）积极鼓励外资机构参与中国 A 股市场，继续推进资本市场对外开放。我们研究发现在中国 A 股市场中，与其他机构投资者相比，合格境外机构投资者持股比例较低。但是合格境外机构投资者对分析师预测行为发挥积极且显著的治理效应，这有助于防范金融风险，稳定资本市场。外资机构准入不仅利于市场参与者的多元化，也有助于稳定和平抑资本市场。2019 年 9 月 10 日，国家外汇管理局宣布，取消合格境外机构投资者（QFII）和人民币合格境外机构投资者（RQFII）投资额度限制。自 2020 年 4 月 1 日起，证券公司外资股比限制正式取消。我们的研究结果为证监会积极推进资本市场对外开放进程，提供有力的经验证据与支持。

（4）监管处罚作为一种外部治理机制，促进独立董事异议行为的发生，有助于改善目前独立董事投票权属于橡皮图章（Mace，1986）的现状。基于中国资本市场数据统计，2010 ~ 2019 年异议独立董事公司比例的均值约为 1.3%，最高值为 2.5%，比例非常低。而且，已有研究发现绝大多数情况下独立董事并不会公开质疑管理层行为（叶康涛等，2011）。本书从独立董事异议意见的视角，揭示监管处罚能够对独立董事提升治理能力发挥积极治理效应，为改善公司治理机制、进一步完善《关于在上市公司建立独立董事制度的指导意见》提供决策参考。

参 考 文 献

［1］白晓宇. 上市公司信息披露政策对分析师预测的多重影响研究［J］. 金融研究，2009（4）：92 – 112.

［2］蔡庆丰，杨侃，林剑波. 羊群行为的叠加及其市场影响——基于证券分析师与机构投资者行为的实证研究［J］. 中国工业经济，2011（12）：111 – 121.

［3］褚剑，秦璇，方军雄. 中国式融资融券制度安排与分析师盈利预测乐观偏差［J］. 管理世界，2019（1）：151 – 166.

［4］董大勇，张尉，赖晓东，刘海斌. 谁领先发布：中国证券分析师领先—跟随影响因素的实证研究［J］. 南开管理评论，2012（5）：56 – 63.

［5］杜兴强，殷敬伟，赖少娟. 论资排辈、CEO 任期与独立董事的异议行为［J］. 中国工业经济，2017（12）：151 – 169.

［6］高玥. 产业补贴退坡的政策效果及启示——以中国新能源汽车为例［J］. 软科学，2020，34（12）：28 – 32 + 46.

［7］官峰，靳庆鲁，张佩佩. 机构投资者与分析师行为——基于定向增发解禁背景［J］. 财经研究，2015（6）：132 – 144.

［8］何平林，孙雨龙，李涛，等. 董事特质与经营绩效——基于我国新三板企业的实证研究［J］. 会计研究，2019（11）：49 – 55.

［9］胡奕明，唐松莲. 独立董事与上市公司盈余信息质量［J］. 管理世界，2008（9）：149 – 160.

［10］黄海杰，吕长江，丁慧．独立董事声誉与盈余质量——会计专业独董的视角［J］．管理世界，2016（3）：128－143.

［11］黄俊，黄超，位豪强，王敏．卖空机制提高了分析师盈余预测质量吗——基于融资融券制度的经验证据［J］．南开管理评论，2018（2）：135－148.

［12］李世刚，蒋煦涵，蒋尧明．独立董事内部薪酬差距与异议行为［J］．经济管理，2019（3）：124－140.

［13］罗进辉，向元高，林筱勋．本地独立董事监督了吗？——基于国有企业高管薪酬视角的考察［J］．会计研究，2018（7）：57－63.

［14］罗栈心，麻志明，王亚平．券商跟踪海外上市公司对国内分析师盈余预测准确性的影响［J］．金融研究，2018（8）：190－206.

［15］滕飞，辛宇，顾小龙．产品市场竞争与上市公司违规［J］．会计研究，2016（9）：32－40.

［16］王攀娜，罗宏．放松卖空管制对分析师预测行为的影响——来自中国准自然实验的证据［J］．金融研究，2017（11）：191－206.

［17］王永妍，耿卉，王国臣．股权激励影响分析师预测行为吗？［J］．中央财经大学学报，2019（4）：76－91.

［18］魏志华，李常青，曾爱民，陈维欢．关联交易、管理层权力与公司违规——兼论审计监督的治理作用［J］．审计研究，2017（5）：87－95.

［19］谢德仁，陈运森．董事网络：定义、特征和计量［J］．会计研究，2012（3）：44－51.

［20］辛清泉，黄曼丽，易浩然．上市公司虚假陈述与独立董事监管处罚——基于独立董事个体视角的分析［J］．管理世界，2013（5）：131－143.

［21］杨金凤，陈智，吴霞，孙维章．注册会计师惩戒的溢出效应研究——以与受罚签字注册会计师合作的密切关系为视角［J］．会计研究，2018（8）：65－71.

［22］叶康涛，陆正飞，张志华．独立董事能否抑制大股东的"掏空"？［J］．经济研究，2007（4）：101－111.

［23］游家兴，邱世远，刘淳．证券分析师预测"变脸"行为研究——基于分析师声誉的博弈模型与实证检验［J］．管理科学学报，2013（6）：67－84.

［24］游家兴，周瑜婷，肖珉．凯恩斯选美竞赛与分析师预测偏差行为——基于高阶预期的研究视角［J］．金融研究，2017（7）：192－206.

［25］张洪辉，平帆，章琳一．独立董事地理距离与财务报告质量——来自上市公司的经验证据［J］．审计研究，2019（1）：81－90.

［26］张然，汪荣飞，王胜华．分析师修正信息、基本面分析与未来股票收益［J］．金融研究，2017（7）：156－174.

［27］张天舒，陈信元，黄俊．独立董事薪酬与公司治理效率［J］．金融研究，2018（6）：155－170.

［28］郑志刚，胡晓霁，黄继承．超额委派董事、大股东机会主义与董事投票行为［J］．中国工业经济，2019（10）：155－174.

［29］周泽将，刘中燕．中国独立董事声誉机制的有效性研究——基于违规处罚市场反应视角的经验证据［J］．中央财经大学学报，2015（8）：104－114.

［30］祝继高，叶康涛，陆正飞．谁是更积极的监督者：非控股股东董事还是独立董事？［J］．经济研究，2015（9）：170－184.

［31］Ajinkya, B. B. , and M. J. Gift. Corporate Managers' Earnings Forecasts and Symmetrical Adjustments of Market Expectations ［J］. Journal of Accounting Research, 1984, 22（2）：425－444.

[32] Baron, R. , and D. Kenny. The moderator-mediator variable distinction in social psychological research: Conceptual, strategic, and statistical considerations [J]. Journal of Personality and Social Psychology, 1986, 51: 1173 – 1182.

[33] Barron, O. E. , D. Byard, and Y. Yu. Earnings Announcement Disclosures and Changes in Analysts' Information [J]. Contemporary Accounting Research, 2017, 34 (1): 343 – 373.

[34] Beatty, A. , S. Liao, and J. J. Yu. The spillover effect of fraudulent financial reporting on peer firms' investments [J]. Journal of Accounting and Economics, 2013, 55 (2 – 3): 183 – 205.

[35] Bergman, N. K. , and S. Roychowdhury. Investor Sentiment and Corporate Disclosure [J]. Journal of Accounting Research, 2008, 46 (5): 1057 – 1083.

[36] Blankespoor, E. The Impact of Information Processing Costs on Firm Disclosure Choice: Evidence from the XBRL Mandate [J]. Journal of Accounting Research, 2019, 57 (4): 919 – 967.

[37] Brickley, A. J. , R. C. Lease, and C. W. Smith. Ownership structure and voting on antitakeover amendments [J]. Journal of Financial Economics, 1988, 20: 267 – 291.

[38] Brochet, F. , and S. Srinivasan. Accountability of independent directors: Evidence from firms subject to securities litigation [J]. Journal of Financial Economics, 2014, 111 (2): 430 – 449.

[39] Brown, L. D. , and L. Zhou. Interactions between analysts' and managers' earnings forecasts [J]. International Journal of Forecasting, 2015, 31 (2): 501 – 514.

[40] Brown, S. V. , X. S. Tian, and J. W. Tucker. The Spillover Effect of SEC Comment Letters on Qualitative Corporate Disclosure: Evidence from the Risk Factor Disclosure [J]. Contemporary

Accounting Research, 2018, 35 (2).

[41] Bryan, D. B. , and T. W. Mason. Independent director reputation incentives, accruals quality and audit fees [J]. Journal of Business Finance & Accounting, 2020, 47 (7/8): 982 – 1011.

[42] Bushee, B. J. , I. D. Gow, and D. J. Taylor. Linguistic Complexity in Firm Disclosures: Obfuscation or Information? [J]. Journal of Accounting Research, 2018, 56 (1): 85 – 121.

[43] Cai, Y. , and M. Sevilir. Board connections and M&A transactions [J]. Journal of Financial Economics, 2012, 103 (2): 327 – 349.

[44] Campbell, J. L. , B. J. Twedt, and B. C. Whipple. Trading Prior to the Disclosure of Material Information: Evidence from Regulation Fair Disclosure Form 8-Ks* [J]. Contemporary Accounting Research, 2021, 38 (1): 412 – 442.

[45] Chapman, K. L. , N. Reiter, and H. D. White. Information overload and disclosure smoothing [J]. Review of Accounting Studies, 2019, 24 (4): 1486 – 1522.

[46] Chen, C. , J. Kim, and M. Wei. Linguistic Information Quality in Customers' Forward-Looking Disclosures and Suppliers' Investment Decisions [J]. Contemporary Accounting Research, 2019, 36 (3): 1751 – 1783.

[47] Cheng, S. , R. Felix, and R. Indjejikian. Spillover Effects of Internal Control Weakness Disclosures: The Role of Audit Committees and Board Connections [J]. Contemporary Accounting Research, 2019, 36 (2): 934 – 957.

[48] Chi, Y. , and D. A. Ziebart. Benefits of management disclosure precision on analysts' forecasts [J]. Review of Accounting and Finance, 2014, 13 (4): 371 – 399.

[49] Chiu, P. , S. H. Teoh, and F. Tian. Board Interlocks and Earnings Management Contagion [J]. Accounting Review, 2013 (3): 915 - 944.

[50] Clement, M. B. , and S. Y. Tse. Financial Analyst Characteristics and Herding Behavior in Forecasting [J]. The Journal of Finance, 2005, 60 (1): 307 - 341.

[51] Cotter, J. , I. Tuna, and P. D. Wysocki. Expectations Management and Beatable Targets: How Do Analysts React to Explicit Earnings Guidance?* [J]. Contemporary Accounting Research, 2006 (3): 593 - 624.

[52] Darrough, M. , R. Huang, and S. Zhao. Spillover Effects of Fraud Allegations and Investor Sentiment [J]. Contemporary Accounting Research, 2020, 37 (2): 982 - 1014.

[53] Dierker, M. , and A. Subrahmanyam. Dynamic Information Disclosure [J]. Contemporary Accounting Research, 2017, 34 (1): 601 - 621.

[54] Dutta, S. , and A. Nezlobin. Dynamic Effects of Information Disclosure on Investment Efficiency [J]. Journal of Accounting Research, 2017, 55 (2): 329 - 369.

[55] Easterwood, J. C. , and S. R. Nutt. Inefficiency in Analysts' Earnings Forecasts: Systematic Misreaction or Systematic Optimism? [J]. The Journal of Finance, 1999 (5): 1777 - 1797.

[56] Fang, X. , J. Pittman, and Y. Zhao. The Importance of Director External Social Networks to Stock Price Crash Risk* [J]. Contemporary Accounting Research, 2021.

[57] Farber, D. B. Restoring Trust after Fraud: Does Corporate Governance Matter? [J]. Accounting Review, 2005, 80 (2): 539 - 561.

［58］ Fich, E. M. , and A. Shivdasani. Financial fraud, director reputation, and shareholder wealth ［J］. Journal of Financial Economics, 2007, 86 (2): 306 – 336.

［59］ Frankel, R. , S. P. Kothari, and J. Weber. Determinants of the informativeness of analyst research ［J］. Journal of Accounting & Economics, 2006, 41 (1/2): 29 – 54.

［60］ Gu, Z. , Z. Li, and Y. G. Yang. Monitors or Predators: The Influence of Institutional Investors on Sell-Side Analysts ［J］. Accounting Review, 2013, 88 (1): 137 – 169.

［61］ Gu, Z. , and J. S. Wu. Earnings skewness and analyst forecast bias ［J］. Journal of Accounting and Economics, 2003 (1): 5 – 29.

［62］ Gupta, A. Foreclosure Contagion and the Neighborhood Spillover Effects of Mortgage Defaults ［J］. Journal of Finance, 2019, 74 (5): 2249 – 2301.

［63］ Haunschild, P. R. Interorganizational Imitation: The Impact of Interlocks on Corporate Acquisition Activity ［J］. Administrative Science Quarterly, 1993 (4): 564 – 592.

［64］ Haviv, A. , Y. Huang, and N. Li. Intertemporal Demand Spillover Effects on Video Game Platforms ［J］. Management Science, 2020, 66 (10): 4788 – 4807.

［65］ Healy, P. M. , and K. G. Palepu. Information asymmetry, corporate disclosure, and the capital markets: A review of the empirical disclosure literature ［J］. Journal of Accounting and Economics, 2001, 31 (1): 405 – 440.

［66］ Hirshleifer, D. Investor Psychology and Asset Pricing ［J］. The Journal of Finance, 2001, 56 (4): 1533 – 1597.

［67］ Homroy, S. , and A. Slechten. Do Board Expertise and

Networked Boards Affect Environmental Performance? [J]. Journal of Business Ethics, 2019, 158 (1): 269 –292.

[68] Huang, X. , X. Li, and S. Tse. The effects of a mixed approach toward management earnings forecasts: Evidence from China [J]. Journal of Business Finance & Accounting, 2018, 45 (3 – 4): 319 –351.

[69] Jennings, J. , S. Rajgopal, and S. Chaired. The Deterrent Effects of SEC Enforcement and Class Action Litigation [J]. SSRN Electronic Journal, 2011.

[70] Joe, D. Y. , and F. D. Oh. Spillover Effects Within Business Groups: The Case of Korean Chaebols [J]. Management Science, 2018, 64 (3): 1396 –1412.

[71] Kang, E. Director Interlocks and Spillover Effects of Reputational Penalties From Financial Reporting Fraud [J]. Academy of Management Journal, 2008, 51 (3): 537 –555.

[72] Lang, M. H. , and R. J. Lundholm. Corporate Disclosure Policy and Analyst Behavior [J]. Accounting Review, 1996 (4): 467 –492.

[73] Lanis, R. , G. Richardson, and C. Liu. The Impact of Corporate Tax Avoidance on Board of Directors and CEO Reputation [J]. Journal of Business Ethics, 2019, 160 (2): 463 –498.

[74] Larcker, D. F. , E. C. So, and C. C. Y. Wang. Boardroom centrality and firm performance [J]. Journal of Accounting and Economics, 2013 (2): 225 –250.

[75] Lin, K. , J. D. Piotroski, and Y. G. Yang. Voice or Exit? Independent Director Decisions in an Emerging Economy [J]. SSRN Electronic Journal, 2012.

[76] Ljungqvist, A. , F. Marston, and L. T. Starks. Conflicts

of interest in sell-side research and the moderating role of institutional investors [J]. Journal of Financial Economics, 2007, 85 (2): 420 – 456.

[77] Ma, J., and T. Khanna. Independent Directors' Dissent on Boards: Evidence from Listed Companies in China [J]. Strategic Management Journal (John Wiley & Sons, Inc.), 2016, 37 (8): 1547 – 1557.

[78] Ma, M. Economic Links and the Spillover Effect of Earnings Quality on Market Risk [J]. Accounting Review, 2017, 92 (6): 213 – 245.

[79] Macaulay, C. D., O. C. Richard, and M. W. Peng. Alliance Network Centrality, Board Composition, and Corporate Social Performance [J]. Journal of Business Ethics, 2018, 151 (4): 997 – 1008.

[80] Marciukaityte, D., S. H. Szewczyk, and H. Uzon. Governance and Performance Changes after Accusations of Corporate Fraud [J]. Financial Analysts Journal, 2006, 62 (3): 32 – 41.

[81] Meindl, J. R., S. B. Ehrlich, and J. M. Dukerich. The Romance of Leadership [J]. Administrative Science Quarterly, 1985, 30 (1): 78 – 102.

[82] Peng-Chia, C., H. T. Siew, and T. Feng. Board Interlocks and Earnings Management Contagion [J]. Accounting Review, 2013, 88 (3): 915 – 944.

[83] Ross, L. The Intuitive Psychologist and His Shortcomings: Distortions in the Attribution Process [M]. Academic Press, 1977.

[84] Roychowdhury, S., N. Shroff, and R. S. Verdi. The effects of financial reporting and disclosure on corporate investment: A review [J]. Journal of Accounting and Economics, 2019, 68 (2):

101 - 246.

[85] Sedor, L. M. An Explanation for Unintentional Optimism in Analysts' Earnings Forecasts [J]. The Accounting Review, 2002, 77 (4): 731 - 753.

[86] Souther, M. E. The effects of internal board networks: Evidence from closed-end funds [J]. Journal of Accounting and Economics, 2018, 66 (1): 266 - 290.

[87] Srinivasan, S. Consequences of Financial Reporting Failure for Outside Directors: Evidence from Accounting Restatements and Audit Committee Members [J]. Journal of Accounting Research, 2005, 43 (2): 291 - 334.

[88] Stickel, S. E. Reputation and Performance Among Security Analysts [J]. The Journal of Finance, 1992, 47 (5): 1811 - 1836.

[89] Stuart, T. E. , and S. Yim. Board interlocks and the propensity to be targeted in private equity transactions [J]. Journal of Financial Economics, 2010 (1): 174 - 189.

[90] Trevino, L. K. The Social Effects of Punishment in Organizations: A Justice Perspective [J]. Academy of Management Review, 1992, 17 (4): 647 - 676.

[91] Verrecchia, R. E. Essays on disclosure [J]. Journal of Accounting and Economics, 2001, 32 (1): 97 - 180.

[92] Wang, Y. , Y. Chen, and J. Wang. Management earnings forecasts and analyst forecasts: Evidence from mandatory disclosure system [J]. China Journal of Accounting Research, 2015, 8 (2): 133 - 146.

[93] Wei, J. , W. Hualin, and Z. Shan. Reputation Concerns of Independent Directors: Evidence from Individual Director Voting [J]. Review of Financial Studies, 2016, 29 (3): 655 - 696.

[94] Weiner, B. An Attributional Theory of Achievement Motivation and Emotion [J]. Psychological Review, 1985, 92 (4): 548 – 573.

[95] Welch, I. Herding among security analysts [J]. Journal of Financial Economics, 2003, 58 (3): 369 – 396.

[96] Westphal, J. D. , and E. J. Zajac. Defections from the Inner Circle: Social Exchange, Reciprocity, and the Diffusion of Board Independence in U. S. Corporations [J]. Administrative Science Quarterly, 1997, 42 (1): 161 – 183.

[97] Xin, J. , S. Chen, and H. K. Kwan. Work-Family Spillover and Crossover Effects of Sexual Harassment: The Moderating Role of Work-Home Segmentation Preference [J]. Journal of Business Ethics, 2018, 147 (3): 619 – 629.

[98] Xu, N. , K. C. Chan, and X. Jiang. Do star analysts know more firm-specific information? Evidence from China [J]. Journal of Banking & Finance, 2013, 37 (1): 89 – 102.

[99] Zhang, D. J. , H. Dai, and L. Dong. The Long-term and Spillover Effects of Price Promotions on Retailing Platforms: Evidence from a Large Randomized Experiment on Alibaba [J]. Management Science, 2020, 66 (6): 2589 – 2609.

[100] Zhang, X. F. Information Uncertainty and Analyst Forecast Behavior* [J]. Contemporary Accounting Research, 2006 (2): 565 – 590.

[101] Zhong, Q. , Y. Liu, and C. Yuan. Director interlocks and spillover effects of board monitoring: evidence from regulatory sanctions [J]. Accounting and Finance, 2017, 57 (5): 1605 – 1633.